# LEBEN MIT EINEM TAUBEN HUND

## Amanda Brahlek

Veröffentlichungsdaten

Amanda Brahlek

Leben mit einem tauben Hund – Erste Auflage.

Zusammenfassung: „Einen tauben Hund erfolgreich vom Welpen bis ins hohe Alter aufziehen" – Bereitgestellt vom Verlag.

ISBN: 978-1-961846-46-3

[1. Taube Hunde – Sachbuch] I. Titel.

Dieses Buch wurde mit dem Ziel verfasst, genaue und verlässliche Informationen zum behandelten Thema bereitzustellen. Trotz sorgfältiger Vorbereitung lehnen Autor und Verlag ausdrücklich die Verantwortung für etwaige Fehler, Auslassungen oder negative Auswirkungen ab, die durch die Anwendung der enthaltenen Informationen entstehen könnten. Die vorgestellten Techniken und Vorschläge sollten nach eigenem Ermessen genutzt werden und ersetzen keinesfalls die professionelle tierärztliche Betreuung. Bei gesundheitlichen Problemen Ihres Hundes konsultieren Sie bitte Ihren Tierarzt.

Entworfen von Sorin Rădulescu

Erste deutsche Ausgabe, 2025

# Inhaltsverzeichnis

**EINLEITUNG**

**KAPITEL 1**

**Die Wahrheit über taube Hunde** . . . . . . . . . . . . . . **3**
Eine Geschichte der tauben Hunde . . . . . . . . . . . . . . 3
Wie häufig ist Taubheit bei Hunden? . . . . . . . . . . . . . 7
Missverständnisse klären: Aggression, Inzucht und Sturheit . . . . . . 8
Häufiges Erscheinungsbild & Pigmentmangel . . . . . . . . . 11
Anzeichen, Symptome und Diagnose . . . . . . . . . . . . 11

**KAPITEL 2**

**Taubheit bei Hunden verstehen** . . . . . . . . . . . . . **17**
Was verursacht Taubheit bei Hunden? . . . . . . . . . . . . 17
Wie das Hören bei Hunden funktioniert . . . . . . . . . . . . 17
Was genau ist Taubheit? . . . . . . . . . . . . . . . . . 20
Beidseitige Taubheit vs. Einseitige Taubheit . . . . . . . . . . 20
Angeborene Störungen . . . . . . . . . . . . . . . . . 22
Hörverlust . . . . . . . . . . . . . . . . . . . . . . 25

**KAPITEL 3**

**Was taube Hunde besonders macht** . . . . . . . . . . . **29**
Taube Hunde sind etwas Besonderes . . . . . . . . . . . . 29
Nervige Eigenheiten . . . . . . . . . . . . . . . . . . 36

**KAPITEL 4**

**Die Entscheidung für einen tauben Hund** . . . . . . . . . **50**
Was du bei deiner Entscheidung bedenken solltest . . . . . . . 50
Die Vorbereitung auf eine Adoption . . . . . . . . . . . . . 58

**KAPITEL 5**

**Dein Zuhause und dein tauber Hund** . . . . . . . . **63**
In deinem Zuhause . . . . . . . . 63
Außerhalb des Hauses . . . . . . . . 69

**KAPITEL 6**

**Wo du einen tauben Hund adoptieren kannst** . . . . . . . . **72**
Portalen zur Eingrenzung deiner Suche . . . . . . . . 72
Adoptivhunden auf spezialisierten Webseiten . . . . . . . . 73
Tierschutzorganisationen für taube Hunde und rassenspezifische Rettungsorganisationen . . . . . . . . 73
Schutzgebühren . . . . . . . . 74
Wie du erkennst, ob ein Tierheim seriös ist . . . . . . . . 76
Fragen, die du vor der Adoption stellen solltest . . . . . . . . 78

**KAPITEL 7**

**Training und Kommunikation mit einem tauben Hund** . . . . **81**
DGS oder Hundetraining-Handzeichen . . . . . . . . 82
Taube Hunde und deine Körpersprache . . . . . . . . 84
Training eines tauben Hundes . . . . . . . . 85
Fortgeschrittene Kommandos mit Eric Melvin . . . . . . . . 94
Eric Melvins Tipps für das Zusammenleben mit und die Ausbildung Ihres gehörlosen Hundes . . . . . . . . 96
Problematische Verhaltensweisen bewältigen . . . . . . . . 102
Verhaltensberater und Trainer . . . . . . . . 104

**KAPITEL 8**

**Sozialisierung mit anderen Hunden** . . . . . . . . **107**
Voraussetzungen für den Erfolg deines Hundes . . . . . . . . 108

**KAPITEL 9**

**Leben mit einem tauben Hund** . . . . . . . . **117**
Sicherheit . . . . . . . . 117

**KAPITEL 10**

**Wohlbefinden und emotionale Sicherheit** . . . . . . . **127**
Wie man einen tauben Hund begrüßt und kennenlernt . . . . . . . 127
Wie man einen tauben Hund aufweckt . . . . . . . . . . . . . 129
Taube Hunde und Routine . . . . . . . . . . . . . . . . . 129
Komfortpullover und -westen . . . . . . . . . . . . . . . . 130

**KAPITEL 11**

**Die Persönlichkeitsmerkmale eines tauben Hundes** . . . . **131**
Taube Hunde sind aufmerksam und erkennen Muster . . . . . . 131
Erwarte keine Begrüßung an der Tür . . . . . . . . . . . . . 132
Taube Hunde sind Tiefschläfer . . . . . . . . . . . . . . . 133
Kontrollgänge . . . . . . . . . . . . . . . . . . . . . . 133
Taube Hunde ahmen ihre hörenden Artgenossen nach . . . . . 134
Entschuldige bitte! . . . . . . . . . . . . . . . . . . . . 135
Trance . . . . . . . . . . . . . . . . . . . . . . . . . 135
Taube Hunde sind liebevoll und treu ergeben . . . . . . . . . 136

**KAPITEL 12**

**Gesundheitsversorgung deines tauben Hundes** . . . . . . **137**
Bewegung . . . . . . . . . . . . . . . . . . . . . . . . 137
Ernährung . . . . . . . . . . . . . . . . . . . . . . . . 140
Mentales Wohlbefinden . . . . . . . . . . . . . . . . . . 141
Medizin und Tierarztbesuche . . . . . . . . . . . . . . . . 142

**KAPITEL 13**

**Dein Hund und die Regenbogenbrücke** . . . . . . . . . . **144**
Die Lebensqualität deines tauben Vierbeiners . . . . . . . . . 144
Der Abschied . . . . . . . . . . . . . . . . . . . . . . . 147
Nachdem dein Hund gegangen ist . . . . . . . . . . . . . . 147

# EINLEITUNG

**M**öglicherweise hast du zu diesem Buch gegriffen, weil du daran interessiert bist, einen tauben Hund zu adoptieren oder weil du bereits eine taube Fellnase nach Hause gebracht. Vielleicht lässt aber das Gehör deines geliebten Hundes langsam nachlässt und du suchst nach Rat. Egal aus welchem Grund: Atme erst einmal tief durch. Du schaffst das! Dieses Buch wird dir Helfen, ein besseres Verständnis davon zu bekommen, was es bedeutet, einen tauben Hund zu versorgen.

Einen tauben Hund zu besitzen, ist lohnender, als ich es mir je hätte vorstellen können, aber manchmal war es nicht einfach. In diesem Buch möchte ich dir das Gesamtbild zeigen: das Gute und das Schlechte. Vor allem hoffe ich, deine Lernkurve zur Pflege eines tauben Hundes zu verkürzen, indem ich dir praktische Ratschläge gebe, die dir den Alltag erleichtern.

Als ich meinen quirligen tauben Hund Natchez adoptierte, sagte mir der Vermittler, dass er ein ausgezeichneter Laufpartner sein würde. Er meinte auch, taube Hunde würden nicht viel mehr Arbeit machen als hörende. Ich lernte bald, dass beide Aussagen nicht ganz zutrafen. Bevor ich mich für Natchez entschied, durchforstete ich das Internet, schaute mir Trainingsvideos auf YouTube an und las sämtliche Informationen, die ich finden konnte. Nach Tagen der Recherche hatte ich noch immer nicht die Antworten gefunden,

*Natch und Amanda*

die ich brauchte, und konnte mir nicht genau vorstellen, wie es sein würde, einen tauben Hund zu versorgen. Im Laufe der Jahre wurde mir klar, dass die Pflege und das Training von Natchez viel einfacher gewesen wären, wenn ich gewusst hätte, was mich erwartet. Genau hier setzt dieses Buch an.

*Natch beim Training*

Ich erinnere mich klar daran, wie ich mit Natchez nach Hause kam. Er war ein Wirbelwind. Sofort kletterte er auf Beistelltische und zerbrach Lampen. An der Leine zog er wie ein Ochse auf Steroiden. Ehrlich gesagt überlegte ich, ihn ins Tierheim zurückzubringen. Ich kontaktierte sogar den Vermittler. Meine Familie ermutigte mich, geduldig zu sein und ihn zu behalten. Innerhalb weniger Tage hatten wir einen Durchbruch, als Natchez lernte, sich zu setzen. Heute bricht mir der Gedanke, ohne meinen geliebten tauben Hund zu leben, das Herz.

Um etwas zurückzugeben, habe ich taube Hunde als Pflegestelle aufgenommen, damit ich ihnen Handzeichen beibringen kann. So kann ich ihnen helfen, in einem Zuhause zu leben, ihre Vermittelsmöglichkeiten zu verbessern und liebevolle Familien zu finden.

Wenn ich auf mein Leben mit Natchez zurückblicke, würde ich mich wieder dazu entscheiden, ihn zu adoptieren, wenn ich erneut die Wahl hätte. Und ja, einen tauben Hund zu adoptieren ist beängstigend, weshalb meine Entscheidung vielleicht nicht für jeden die richtige ist. Taube Hunde bedeuten mehr Arbeit, aber sie bieten Liebe und Kameradschaft, die fast unbeschreiblich ist. Aufgrund ihrer Behinderung entwickeln diese eigenwilligen Hunde eine besondere Bindung zu ihren Besitzern. Taube Hunde bringen dich zum Lachen, zum Lächeln und erfüllen dein Zuhause mit Liebe. Während ich schreibe, schläft Natchez tief und fest an mein Bein gepresst, und ich möchte es nicht mehr anders haben.

Wenn du darüber nachdenkst, einen tauben Hund in deine Familie aufzunehmen, sollte dieses Buch dich zu einer Entscheidung führen, die für dich am besten ist. Ich hoffe, solltest du dich dazu entscheidest, einen Tauben zu adoptieren, dass dir meine Einblicke helfen werden, die Aufzucht und das Training deines neuen Vierbeiners zu einer positiven Erfahrung zu machen.

# KAPITEL 1

# Die Wahrheit über taube Hundee

## Eine Geschichte der tauben Hunde

Die Geschichte tauber Hunde ist nicht besonders gut dokumentiert. Glücklicherweise gibt es einige berühmte taube Hunde, die genug Eindruck hinterlassen haben, um ihren Platz in der Geschichte zu verdienen. Leider gab es auch viele taube Fellnasen, denen die Chance verwehrt blieb, in die Geschichtsbücher einzugehen.

*Foto Von
Tracey Gant*

## Ein Wandel in der Wahrnehmung: Bob Parker und Buddy, der taube Hund

Bob Parker, der mich ein wenig an Herrn Rogers erinnert, brach mit siebzehn die Schule ab, um der Armee beizutreten. Er kämpfte in beiden Weltkriegen und setzte sich auch für eine Sache ein, an die er glaubte: die Idee, dass taube Hunde wertvoll sind. Parker nutzte seinen tauben Hund Buddy, um die Meinung derer zu ändern, die glaubten, taube Hunde seien nicht erziehbar.

**FUNFACT**
Buddy

In den 1950ern trainierte Bob Parker seinen tauben Hund Buddy, um Schüler der Kansas Gehörlosenschule zu inspirieren. Das Duo schuf in Olathe eine Vorführung, die Buddys Talente zeigte und taube Kinder motivierte – Buddy konnte trotz oder wegen seiner Taubheit Großes leisten. Fotos von Buddy finden sich im Archiv der Gehörlosenschule Kansas.

Bob Parker hatte nie vorgehabt, ein Fürsprecher für taube Hunde zu werden. Tatsächlich fand er Buddy, als dieser über die Ebenen in Kansas streifte. Während die meisten Menschen weitergegangen wären, nachdem Buddy knurrte und versuchte zu beißen, ließ sich Bob von etwas Temperament und Attitude nicht abschrecken. Er nahm Buddy mit nach Hause und die beiden entwickelten schließlich eine unglaubliche Bindung.

Mit dem Wachsen ihrer Bindung verbesserte sich auch die Kommunikation zwischen Buddy und Bob. In den 1950er Jahren beschloss Parker, zu zeigen, wie gut Buddy trainierbar war. Er entwickelte eine Ein-Hund-Vorstellung, bei der Buddy komplexe und unterhaltsame Routinen auf der Bühne vorführte, einschließlich des Klavierspielens. Vielleicht am beeindruckendsten war, dass Buddy dabei oft Kostüme trug. Er war vor allem für seinen Hut bekannt.

Bald ging Buddy auf Tournee. Er und Parker besuchten Schulen, darunter auch Schulen für gehörlose Kinder. Gemeinsam inspirierten die beiden gehörlose Jugendliche und machten auch auf die Fähigkeiten tauber Hunde aufmerksam.

## Die dunkle Seite der Geschichte: Einschläferung tauber Hunde

Während Dokumentationen darüber, was mit vielen tauben Welpen geschah, schwer zu finden sind, gibt es dennoch viele Hinweise darauf, dass taube Hunde nicht lange behalten wurden. Wahrscheinlich fiel die

Einschläferung der tauben Fellnasen mit Zuchtpraktiken zusammen, die vor Jahrhunderten entwickelt wurden und in der zweiten Hälfte des 19. Jahrhunderts voll zum Tragen kamen. Traurigerweise setzte sich diese Praxis in deutschen Zuchtverbänden bis in die 2000er Jahre fort und ist in vielen Teilen der Welt auch heute noch üblich.

Viele Menschen hängen irrtümlicherweise dem Glauben an, dass es in den letzten drei Jahrzehnten einen Anstieg von tauben Hunden gegeben hat. Dies ist wahrscheinlich nicht der Fall. Wir sehen heute mehr taube Hunde, weil durch soziale Medien und das Internet mehr Bewusstsein für ihre Existenz geschaffen wurde. Außerdem erreichen mehr taube Hunde das Erwachsenenalter, weil weniger kurz nach der Geburt getötet werden.

Im Umkehrschluss bedeutet dies, dass viele Züchter noch bis 2016 taube Welpen einschläfern ließen. Warum? Taube Hunde waren schlichtweg nicht profitabel und wurden oft als schwer erziehbar angesehen. Außerdem wollten Züchter nicht, dass eine angeborene Störung weitergegeben wird. Züchter hatten außerdem die Sorge, dass, wenn Käufer einen tauben Hund unter den Welpen sehen, sich dies negativ auf ihren Ruf als Züchter auswirken würde. Solche Ansichten werden in Zuchtrichtlinien und Vorschriften zum Umgang mit tauben Hunden deutlich. Eines der prominentesten und prägnantesten Beispiele ist die Position des Dalmatiner-Klubs zu tauben Welpen.

Erinnerst du dich an den Film „101 Dalmatiner"? Die Nachfrage nach Dalmatinerwelpen stieg nach dem Film sprunghaft an, was zu übermäßiger Zucht und einem Anstieg tauber Dalmatiner führte. Dalmatiner haben die höchste Rate an angeborener Taubheit: Etwa 30 % der Dalmatiner werden taub geboren. Damals verlangte der Dalmatiner-Klub von seinen registrierten Züchtern, taube Welpen einzuschläfern. Ihre Richtlinie besagte: „Taube Welpen sollten immer von einem Tierarzt human eingeschläfert werden" und dass, wenn „ein tauber Welpe versehentlich vermittelt wird, er durch einen hörenden Welpen ersetzt werden sollte."

Sie schlugen auch Folgendes vor: „Wenn du Besitzer eines tauben Dalmatiners bist und Probleme mit dem Hund hast, fühl dich nicht ‚schuldig' deswegen. Überlege, mit einem gesunden, hörenden Welpen neu anzufangen. (Und lass den tauben Hund einschläfern!)" Weiter sagten sie: „Wenn du Tierarzt bist, rate deinen Kunden bitte, alle tauben Welpen, die sie gezüchtet haben könnten, einschläfern zu lassen. Bitte mach es deinem Kunden NICHT noch schwerer, indem du vorschlägst, dass vielleicht ein ‚besonderes' Zuhause gefunden werden könnte. Bei dem enormen Überschuss an ungewollten Hunden in diesem Land besteht keine Notwendigkeit, Hunde mit Problemen wie Taubheit zu erhalten." Obwohl diese Zitate praktisch von der Website des Dalmatiner-Klubs gelöscht wurden, ist ihre Wirkung immer noch zu spüren.

Glücklicherweise änderten sich diese Richtlinien 2016, und der Dalmatiner-Klub ist jetzt einer der führenden Geldgeber für die Erforschung der Genetik im Zusammenhang mit Taubheit.

Ihre aktuelle Position ist, dass taube Dalmatiner kastriert und versorgt werden sollten, obwohl sie weiterhin warnen: „Taube Welpen sollten NIEMALS zur Zucht verwendet werden. Taube Dalmatiner können schwieriger aufzuziehen sein, sind schwer zu kontrollieren (sie werden oft von Autos angefahren, wenn sie ‚entkommen') und werden oft bissig oder übermäßig aggressiv, besonders wenn sie erschreckt werden."

Bis 2013 vertrat der Deutsche Schäferhundverein die Position, dass „weißfaktorige Welpen" aussortiert und unmittelbar nach der Geburt eingeschläfert werden sollten.

Während dies oft das Schicksal von Hunden war, die taub geboren wurden, traf die gleiche traurige Realität oft auch Hunde, die später im Leben taub wurden.

Viele Hundebesitzer glaubten, dass alternde Hunde von Natur aus störrischer wurden, weil ihre Hunde nicht mehr zuverlässig kamen, wenn sie gerufen wurden, oder nicht mehr auf ihre Namen und Befehle reagierten. Heute erkennen wir diese als Anzeichen für altersbedingten Hörverlust. Sie rechtfertigten das Einschläfern dieser tauben Hunde damit, dass sie schwieriger zu handhaben waren. Interessanterweise könnte Taubheit ein Faktor für den Ursprung des Sprichworts „alte Hunde können keine neuen Tricks lernen" sein, da alte Hunde mehr Schwierigkeiten haben, die Befehle zu hören.

Oft erlebten Jagdhunde ein kürzeres Leben, wenn ihre Besitzer sich für die Einschläferung statt für den Ruhestand entschieden (was häufiger der Fall war als nicht). Jagdhunde verloren und verlieren immer noch ihr Gehör aufgrund des wiederholten Schalltraumas durch Gewehrschüsse. Traurigerweise sahen viele Besitzer die Unfähigkeit, zu arbeiten und auf Befehle zu reagieren, als Rechtfertigung für eine Einschläferung. Leider erscheinen immer noch Artikel über diese Praxis, einschließlich darüber, wie Galgos, eine spanische Jagdrasse, zum Sterben zurückgelassen werden, nachdem ihre Jagdfähigkeit nachlässt.

Die falsche Vorstellung davon, dass taube Hunde aggressiv und nicht erziehbar seien, machte taube Hunde zu unwahrscheinlichen Kandidaten für die Adoption und rechtfertigte oft die Einschläferung für viele Züchter.

Leider hält diese Einstellung bis heute an: Körperliche Probleme, hohes Alter und Aggression sind nach wie vor die Hauptgründe, warum Hunde eingeschläfert werden.

**Profi-Tipp**
**Dalmatiner**

Angeborene Taubheit bei Hunden entsteht durch rezessive Genmutationen, die auch Merle- und Scheckmuster verursachen. 30% aller Dalmatiner, eine Rasse mit Scheckgenen, werden taub auf einem oder beiden Ohren geboren.

Im vergangenen Jahrhundert haben taube Hunde in Bezug auf ihre Wahrnehmung einen weiten Weg zurückgelegt. Es ist jetzt üblicher, dass Züchter ihre tauben Welpen ins Tierheim bringen, nachdem die anderen Welpen vermittelt wurden. Durch gute Aufklärung beginnen viele Züchter damit, verantwortungsvollere Zuchtpraktiken anzuwenden, die das Auftreten von Taubheit verringern können.

## Wie häufig ist Taubheit bei Hunden?

Taubheit bei Hunden kann angeboren sein oder durch Hörverlust erworben werden. Wie du dir wahrscheinlich vorstellen kannst, kommt Hörverlust bei alternden Hunden häufig vor. Viele Seniorhunde erleben teilweisen Hörverlust, während andere ihr Gehör vollständig verlieren. Erworbene Taubheit ist die häufigste Form der Taubheit bei Hunden.

Bei Hunden, die taub geboren werden, variiert die Prävalenz je nach Rasse. Bei Doppel-Merle-Hunden zeigen neuere Studien, dass 25 % taub geboren werden (frühere Studien mit kleineren Gruppen von Doppel-Merles zeigten, dass der Anteil bis zu 54 % betrug). Bei Einzel-Merle-Hunden werden 9 % entweder beidseitig oder einseitig taub geboren. Als Beispiel haben Border Collies eine Taubheitsprävalenz von etwa 2,3 %.

All das bedeutet, dass es bei über 70 Millionen Hunden in Deutschland schwierig ist, genau zu bestimmen, wie viele taube Hunde es wirklich gibt. Einige Schätzungen deuten darauf hin, dass es etwa 35.000 sind, obwohl diese Zahl etwas niedrig erscheint. Der Verband für das Deutsche Hundewesen (VDH) schätzt, dass 5–10 % der Hunde entweder teilweise oder vollständig taub sind, was deutlich höher ist.

Ich persönlich sehe regelmäßig immer mehr taube Hunde. Ich war sogar im Hundepark mit drei oder vier anderen tauben Hunden, die herumtollten, was in einer Stadt mit 60.000 Einwohnern viel erscheint.

Wenn du also überlegst, einen tauben Hund zu adoptieren, und du dich fragst, ob dein Hund der einzige taube Hund im Hundepark sein wird, dann muss ich dir sagen, dass es manchmal so sein wird, aber sicherlich nicht immer. Wenn du nach einer Gruppe von tauben Hundebesitzern zur Unterstützung suchst, sei beruhigt: Es wird dir nicht an Optionen mangeln.

# Missverständnisse klären: Aggression, Inzucht und Sturheit

Missverständnisse, dass taube Hunde aggressiv und nicht erziehbar seien, halten sich auch heute noch hartnäckig. Vieles davon hat mit Missverständnissen über taube Hunde, Traumata und mangelnder oder falscher Sozialisierung zu tun.

Ich habe gerade einen Artikel von George M. Strain, Ph.D. und Professor für Neurowissenschaften an der School of Veterinary Medicine der Louisiana State University gelesen. Dieser besagte, dass es für jede Erfolgsgeschichte bei der Aufzucht eines tauben Hundes zwei gibt, die zu unglaublichen Problemen führen. Strain erklärte weiter, dass er keine tauben Hunde in der Nähe seiner Familie haben möchte, weil man nicht vorhersagen kann, welche tauben Hunde Aggression entwickeln werden. Bei näherer Betrachtung dieser Studie hatte der Forscher nur aus erster Hand Erfahrung mit fünf tauben Hunden, die ausschließlich für Zuchtstudien gehalten wurden. Meiner Meinung nach scheint dies keine faire Beurteilung zu sein.

Warum also haben taube Hunde einen so schlechten Ruf?

Taube Hunde erhalten oft weder eine angemessene Sozialisierung noch korrektes Training oder die richtige Pflege für ihre Bedürfnisse. Viele andere werden Ziel von Frustration und Missbrauch durch Tierhalter, die nicht wissen, dass ihr Hund taub ist, und daher glauben, ihr Hund sei einfach stur und höre nicht zu. Diese Hunde landen oft in Tierheimen, wo sie das Trauma erleben, besitzerlos, obdachlos, verwirrt und gestresst zu sein. Dies kann zu Angstzuständen führen, sobald sie adoptiert werden.

Taube Hunde neigen dazu, schreckhaft zu sein und überrascht zu reagieren. Dies kann wiederum eine Person erschrecken. Manchmal kann die Nervosität eines tauben Hundes ihn unberechenbar erscheinen lassen. Aber viele Menschen erwarten, dass ein tauber Hund so reagiert wie ein hörender Hund, und das ist einfach nicht der Fall.

## *Aggression*

Gibt es aggressive taube Hunde? Natürlich! Genauso wie es aggressive hörende Hunde gibt. Doch das liegt daran, wie der Hund behandelt wurde, da Aggression ein erlerntes Verhalten ist.

Taube Hunde haben laute Bellgeräusche, da sie sich selbst nicht hören können. Daher wirken sie auf Fremde oft einschüchternd. Mein Hund liebt es, zu bellen, während er mit anderen Hunden läuft und spielt. Er hat auch ein klassisches „taubes Hundebellen", das tonal rau und sehr, sehr laut ist. Manchmal denken andere Hundeeltern, dass dies bedeutet, er sei aggressiv. Aber in Wirklichkeit ist es einfach nur laut.

Einige taube Fellnasen kompensieren möglicherweise ihre Angst, indem sie versuchen, hart oder defensiv zu erscheinen. Sie positionieren sich, indem sie auf den Boden schlagen und bellen, ziehen sich aber schnell zurück, sobald man sich nähert. Mein tauber Hund macht dies oft mit Fremden. Manchmal bellt er Fremde an, schaut sie aber nicht direkt an, weil er in Wirklichkeit ein Angsthase ist.

Schließlich sollte ich darauf hinweisen, dass taube Hunde manchmal rau spielen. Während dies eigentlich keine Aggression ist, kann es ein bisschen beängstigend sein. Welpen (und Kätzchen) lernen ihre Grenzen, also wie hart sie knabbern, beißen, tappen und allgemein spielen sollten, durch die stimmlichen Hinweise ihrer Wurfgeschwister. Da taube Tiere diese Hinweise nicht hören, lernen sie nicht unbedingt die normale Zurückhaltung beim Spielen. Glücklicherweise kann man tauben Hunden mit ein wenig Training beibringen, nett zu spielen.

## Erziehbarkeit und Sturheit

Beim Training eines tauben Hundes versteht man schnell, warum manche Menschen denken, sie seien nicht erziehbar. Wie bei hörenden Hunden geht es jedoch um effektive Kommunikation: In diesen speziellen Fällen eben durch Handzeichen und Körpersprache. Alles, was es braucht, ist die Bereitschaft, ein wenig anders zu denken und eine neue Art der Kommunikation zu erlernen.

Meiner Erfahrung nach lernte Natchez (mein tauber Hund) Befehle viel schneller als mein hörender Hund. Natchez lernte das Sitzen innerhalb weniger Minuten. Natürlich liegt das wahrscheinlich daran, dass er extrem futtermotiviert ist und mir unbedingt gefallen will, aber im Gespräch mit anderen tauben Hundebesitzern höre ich oft, dass ihre Hunde schnell gelernt hätten.

Ich erzähle den Leuten auch gerne von Ghost, einem tauben Streuner, der zur Einschläferung vorgesehen war. Ghost erschien den meisten potenziellen Adoptiveltern hyperaktiv, bis er von der Veteranin und Militär-K-9-Hundeführerin Barb Davenport adoptiert wurde. Barb sah das Potenzial in Ghost und arbeitete mit ihm, bis er qualifiziert war, als K-9-Rauschgiftspürhund ausgebildet zu werden.

Foto Von
Janet Santilli

Taube Hunde sind alles andere als stur. Sie wollen oft verzweifelt ihren Besitzern gefallen. Als Natchez lernte zu sitzen, war es, als hätte ich einen Funken in ihm entzündet. Er schaut immer zu mir oder meinem Mann für seinen nächsten Befehl, und er hat Kommandos gelernt, die unser hörender Hund noch nicht beherrscht.

## Sind taube Hunde das Produkt von Inzucht?

Das ist ein Mythos. Während angeborene Taubheit das Ergebnis einer vererbten Störung ist und das Ergebnis von Inzucht sein könnte, wird sie oft nicht durch Inzucht verursacht. Stattdessen wird vererbte Taubheit dadurch weitergegeben, dass sowohl die Mutter als auch der Vater das Gen haben, das zu Taubheit führt. Es liegt also nicht daran, dass die Eltern eng verwandt sind.

# Häufiges Erscheinungsbild & Pigmentmangel

Hunde, die ihr Gehör verlieren, sehen nicht alle gleich aus. Hörverlust kann bei allen Hunden auftreten: groß und klein, mollig oder kräftig. Angeborene Taubheit ist jedoch oft mit spezifischen genetischen Markern verbunden. Insbesondere mit den beiden Pigmentierungsgenen, die zum Fellmuster und zur Färbung eines Hundes führen, sieht man einen Zusammenhang. Aus diesem Grund hat ein sehr hoher Prozentsatz tauber Hunde einen Pigmentmangel. Das bedeutet, dass sie oft ein weißes Fell und blaue Augen haben.

Die Haut von tauben Hunden kann auch rosiger erscheinen. Manchmal sieht es aus, als hätten sie rosa Kreise um ihre Augen. Dies liegt oft daran, dass ihre Wimpern weiß oder transparent sind.

Taube Hunde können auch gefleckte oder fleckige Färbung auf ihren Nasen haben. Das Ergebnis ist Pigmentierung an einigen Stellen, aber nicht an anderen, was ein Flickwerk aus Rosa und Schwarz oder Braun erzeugt. Die Nase meines Hundes wurde mit Kuhhaut verglichen. Der technische Begriff für diese niedlichen Nasen ist „Schmetterlingsnase".

Einige taube Hunde behalten das Pigment in beiden Augen oder in einem Auge.

Wie du siehst, kannst du einen tauben Hund nicht einfach anhand des Aussehens identifizieren, aber du wirst ein Muster bemerken, das die meisten tauben Fellnasen haben: blasses, weißes oder überwiegend weißes Fell und blaue Augen. Natürlich gibt es auch taube Hunde mit voller Färbung.

# Anzeichen, Symptome und Diagnose

Ich werde ständig gefragt: „Woher wusstest du, dass dein Hund taub ist?" oder „Bist du sicher, dass er taub ist?" Ich antworte immer, dass ich wusste, dass er taub war, bevor ich ihn adoptierte, und dass der Tierarzt im Tierheim ihn diagnostiziert hat. Die Entdeckung, dass dein Hund oder Welpe taub ist, kann jedoch überraschend sein, denn oft höre ich, dass Leute einen neuen Welpen adoptieren, nur um Monate später zu entdecken, dass ihr Hund taub ist.

Ist dein Hund taub oder ignoriert er dich einfach? In diesem Abschnitt zeige ich dir die Anzeichen dafür, dass dein Hund angeboren taub, teilweise taub ist oder sein Gehör verliert.

## *Anzeichen, dass dein Hund taub wird*

Wenn dein Hund aufgehört hat, dir zuzuhören, oder sturer geworden ist, besteht eine gute Chance, dass er dich einfach nicht hören kann. Mit zunehmendem Alter neigen die Nerven in den Ohren von Hunden dazu, mit der Zeit schwächer zu werden und zu degenerieren. Wenn dein Hund eines der folgenden Symptome zeigt, dann ist es eine gute Idee, ihn zum Tierarzt zu bringen und sein Gehör testen zu lassen:

- Verminderte Reaktion auf akustische Reize wie das Öffnen und Schließen der Haustür, das Klirren der Leine oder das Rufen des Namens deines Hundes.
- Tieferer Schlaf und kein Aufwachen bei Geräuschen.
- Mehr Angst, wenn du gehst, und Verwirrung oder Überraschung darüber, dass du zu Hause bist. Zum Beispiel könnte dein Hund aufwachen und dich zu Hause finden und dir diesen „Wo kommst du her?" oder „Wie bist du hereingeschlichen, ohne dass ich dich gehört habe?" Blick geben.

## *Anzeichen, dass dein Hund teilweise taub ist*

Je nach Ursache kann teilweise Taubheit oder einseitige Taubheit mit einer Vielzahl von Symptomen einhergehen oder gar keine zeigen.

Teilweise Taubheit als Folge einer Verletzung ist oft mit körperlichen Traumata verbunden, die offensichtlich sein sollten. Es ist immer eine gute Idee, deinen Hund zum Tierarzt zu bringen, wenn er eine Verletzung erleidet, besonders am Kopf.

Einige Hunde mit Ablagerungen oder einer Ohrverletzung kratzen sich an einem Ohr mehr als am anderen. Es könnte sogar sein, dass dein Hund an einem Ohr kratzt und dabei leicht winselt. Hunde, die Ohrenbeschwerden haben, schütteln auch oft ihren Kopf.

Hunde, die auf einem Ohr taub sind, bevorzugen möglicherweise eine Seite mehr als die andere. Was bedeutet das? Sie könnten sich dir oder einem anderen Hund in einem bestimmten Winkel nähern, um besser zu hören und zu reagieren. Sie könnten auch tiefer schlafen, wenn eine Seite des Kopfes gegen ihr Bett gedrückt ist, da ihr hörendes Ohr blockiert ist.

## Anzeichen, dass dein Hund möglicherweise eine angeborene Taubheit hat

Taube Hunde kommen nicht in Einheitsgröße, aber viele zeigen die gleichen Anzeichen und Symptome, die darauf hindeuten, dass sie nicht hören können. Zum Beispiel ist mein Hund völlig ahnungslos, wenn er sich selbst pupsen hört.

Zu den häufigsten Anzeichen angeborener Taubheit gehören:

### Als Welpe

- Ignorieren, wenn Wurfgeschwister beim Spielen jaulen oder weinen.
- Nicht auf soziale Hinweise von anderen Hunden oder ihrer Mutter reagieren.
- Pigmentmangel.
- Mehr schlafen als Wurfgeschwister und nicht aufwachen, wenn andere es tun.

### In jedem Alter

- Dich ignorieren, wenn du sprichst
- Geräusche ignorieren, auf die andere Hunde reagieren würden, wie Türklingeln, Quietscher und Klicker.
- Tief schlafen, ohne bei Geräuschen aufzuwachen.
- Leichtes Erschrecken durch Berührung.
- Erschrocken wirken beim Aufwachen.
- Ein lautes, unbeholfenes, tontaubes Bellen.
- Intensiv nach visuellen Hinweisen suchen oder stark auf visuelle Bewegung reagieren.
- Bellen bei Schatten oder unbelebten Objektes wie stationären Fahrrädern, Flaggen und Mülleimern.

## Anzeiche, die ich bemerkt habe

Ein weiteres, weniger häufiges Zeichen zeigt sich bei Hunden dadurch, dass sie ihre Ohren falsch herum klappen lassen, ohne es zu bemerken. Sie können auch eine erhöhte Anhänglichkeit an ihre Besitzer zeigen.

Ein offensichtliches Zeichen dafür, dass Natchez taub ist, ist, dass er nicht aufwacht, wenn ich nach Hause komme. Ich muss ihn oft finden und aufwecken. Dieses seltsame Verhalten kann ein wenig beängstigend sein, wenn du das erste Mal einen tauben Hund adoptierst, da er überall in deinem Haus schlafen kann und nicht aufwacht, wenn du ihn rufst.

Außerdem reagieren taube Hunde nicht auf „Beutegeräusche" bei Spaziergängen. Was ich damit meine, ist, dass sie das Rascheln in Büschen und Bäumen nicht hören wie normale Hunde, sodass sie oft ahnungslos gegenüber Reizen bleiben, die typischerweise andere Hunde aufregen würden.

Schließlich können Natchez und viele taube Hunde nicht apportieren. Natchez kann einem Ball folgen, wenn er an ihm vorbeirollt, aber sein mangelndes Gehör macht es ihm unmöglich, zu verfolgen, wohin der Ball geht, sobald er meine Hand verlässt und durch die Luft fliegt.

## Schnelle und einfache Heimtests

Gibt das Gehör deines Hundes Anlass zur Sorge, oder vermutest du, dass dein Hund seine Fähigkeit zu hören verliert? Es gibt einfache Tests, die du zu Hause durchführen kannst. Als ich Natchez zum ersten Mal nach Hause brachte, gebe ich zu, dass ich nicht zu 100 % glaubte, dass er völlig taub war. Ich lernte bald, dass meine „Tests" nicht genau waren, da taube Hunde immer noch Vibrationen spüren können und einige auch die höchsten Register an Geräuschen wahrnehmen können. Natchez kann zum Beispiel fühlen, wenn mein anderer Hund bellt.

Bevor du also den Staubsauger herausholst oder eine Trompete bläst, versuche einen der folgenden Tests. Obwohl diese Tests nicht zu 100 % beweisen, dass dein Hund taub ist, sind sie ein guter Hinweis darauf, dass du deinen Tierarzt um einen Hirnstamm-Audiometrie-Test (weiter unten besprochen) bitten solltest.

### Wach auf, Dornröschen!

Dies funktioniert am besten, wenn dein Hund sich tief schlafend auf einem Bett oder an einem Ort befindet, an dem die Vibration deiner Fußschritte ihn nicht aufwecken wird.

Nähere dich langsam deinem Hund von hinten. Sobald du in Reichweite bist, klatsche in die Hände, etwa einen Meter von seinen Ohren entfernt. Klatsche nicht zu nah, weil das Bewegen der Luft deinen Hund aufwecken könnte.

Hat dein Hund weiter geschlummert? Wenn ja, könnte er taub sein.

**Worüber quietschst du?**

Für diesen Test verstecke einfach einen Quietscher in deiner Tasche oder verbirg ihn neben dir auf deinem Sofa. Wenn dein Hund ruhig und entspannt ist, drücke langsam auf den Quietscher. Die besten Quietscher für dieses Experiment sind niedrig frequentiert. Solche, die wie ein Schwein klingen, funktionieren wirklich gut.

Keine Reaktion von deinem Hund? Er könnte taub sein.

**Was für große Ohren du hast!**

Ich mache oft Witze über die Ohren meines tauben Hundes, wie: „Schau, wie süß diese nutzlosen Ohren sind." Er wacht auch oft mit den von dir genannten „Bettohren" auf. Sie sind dann nach innen geklappt und er kümmert sich nicht sofort darum, das zu korrigieren. Was hat das mit dem Testen deines Hundes auf Taubheit zu tun? Nun, Hunde benutzen ihre Ohren, um zu lokalisieren, woher ein Geräusch kommt. Taube Hunde tun das nicht.

Zugegeben, taube Hunde spitzen ihre Ohren, wenn sie ihre Besitzer sehen, und verhalten sich manchmal so, als würden sie ihre Ohren zum Hören benutzen, aber das meiste davon scheint mehr mit Aufregung zu tun zu haben als mit der Triangulation von Geräuschen.

Für diesen Test lass einen Helfer in einen angrenzenden Raum gehen und pfeifen oder ein anderes Geräusch machen. Lass den Helfer ein paar Schritte gehen und das Pfeifen wiederholen. Wenn dein Hund seinen Kopf nicht in diese Richtung dreht oder seine Ohren nicht dreht, könnte dies ein Zeichen für Taubheit sein.

## Der BAER-Test

Der Hirnstamm-Audiometrie-Test (oder BAER-Test) ist das diagnostische Verfahren, das Tierärzte verwenden, um Taubheit bei Hunden zu bestätigen. Es ist ein neurologischer Test, was bedeutet, dass er untersucht, wie das Gehirn Geräusche verarbeitet. Dieser Test erkennt sowohl einseitige als auch beidseitige Taubheit.

Der BAER-Test misst und zeichnet elektrische Gehirnaktivität in Bereichen auf, die auf Geräusche reagieren sollten (die Cochlea und Hörbahnen). Der Tierarzt platziert winzige Elektroden unter der Kopfhaut deines Hundes, direkt neben jedem Ohr, zwischen seinen Ohren und zwischen den

Schulterblättern. Ja, das klingt schmerzhaft, aber die meisten Hunde bemerken die Elektroden kaum.

Der Tierarzt hält einen Kopfhörer in der Nähe des Ohres deines Hundes. Er wird dann auf Play drücken, und der Kopfhörer wird schrittweise Klickgeräusche abspielen, während die Elektroden die Reaktion deines Hundes aufzeichnen. Jedes Ohr braucht etwa 5 Minuten zum Testen.

Die Ergebnisse sehen aus wie ein Liniendiagramm mit entweder Spitzen, wenn der Hund den Klick hören kann, oder einer flachen Linie, wenn sein Gehirn den Ton nicht verarbeitet hat. Warum eine flache Linie? Selbst Hunde, die völlig taub sind, haben häufig kleine Spitzen, da sie die Vibration auf ihrer Haut spüren können und möglicherweise leicht reagieren. Nach Abschluss des Tests kann dir dein Tierarzt sagen, ob dein Hund hören kann, einseitig taub oder beidseitig taub ist.

Der BAER-Test ist hilfreich über die bloße Diagnose vollständiger Taubheit hinaus, da der Test zeigt, wie gut dein Hund hören kann und welches Ohr besser hört.

## KAPITEL 2
# Taubheit bei Hunden verstehen

## Was verursacht Taubheit bei Hunden?

Diese Frage wird dir immer wieder durch den Kopf gehen. Ich wünschte, ich hätte eine einfache Antwort, aber die Realität ist, dass Taubheit bei Hunden aus unzähligen Gründen auftreten kann. Von Verletzungen über Altersschwäche bis hin zu Genetik – dein Hund kann sein Gehör verloren haben und möglicherweise wirst du nie genau erfahren, wie dein Hund taub wurde. Lediglich wenn deine süße taube Fellnase pigmentarm ist, ist sie wahrscheinlich Trägerin des Piebald-Gens (auf das ich in diesem Kapitel noch eingehen werde).

Wie ich schon erwähnt habe, werde ich ständig gefragt, ob Natchez schon immer taub war. Du solltest dich also darauf vorbereiten, diese Frage zu beantworten, wenn du einen tauben Hund in die Familie aufnimmst. Du kannst natürlich auch frech antworten, dass alle Hunde taub geboren werden, was tatsächlich stimmt. Welpen kommen mit verschlossenen Gehörgängen zur Welt, die sich erst nach etwa zwei Wochen öffnen.

Dann kommt meist die Anschlussfrage: „Was hat seine Taubheit verursacht?" Während ich normalerweise antworte, dass Natchez' Taubheit durch eine genetische Störung verursacht wurde, erkläre ich manchmal, dass sie wahrscheinlich durch sein Double-Merle-Fell verursacht wurde.

Dieses Kapitel soll dir ein besseres Verständnis davon vermitteln, wie das Gehör eines Hundes funktioniert und was die Ursachen für angeborene, plötzlich auftretende und andere Arten von Taubheit sein können. Hoffentlich bringt dies Licht ins Dunkel, warum dein Hund ein so einzigartiger und liebenswerter Hund ist. Du kannst dieses Wissen dann nutzen, um andere Menschen aufzuklären, wenn sie Fragen stellen.

## Wie das Hören bei Hunden funktioniert

Du hast wahrscheinlich mitbekommen, dass Hunde besser hören können als wir. Das stimmt. Hörende Hunde können Töne wahrnehmen, die mehr als doppelt so hoch sind wie die, die wir hören können (denk an Hundepfeifen). Sie können auch viel leisere Geräusche wahrnehmen als wir. Deshalb weiß dein Hund, dass du nach Hause kommst, lange bevor ein

Mensch im Haus das bemerkt. Hunde sind nicht hellsichtig. Sie haben einfach Superohren!

Hunde haben einen äußerst fein abgestimmten Hörsinn. Diese Fähigkeit hat sich in Bezug auf die Jagd und das Überleben als nützlich erwiesen. Daher funktionieren die Ohren eines Hundes nicht genau so wie unsere, obwohl ihr Hörprozess in vielerlei Hinsicht ähnlich ist.

### Die Anatomie und Funktion des Hundeohrs

Das Ohr eines Hundes ist nicht nur die weiche, niedliche

## Profi-Tipp
### Double J Dog Ranch

Die Double J Dog Ranch in Hauser Lake, Idaho, ist ein Zufluchtsort für Hunde mit besonderen Bedürfnissen im Nordwesten der USA. Diese gemeinnützige Organisation bietet Training, Spezial-Tierarztbetreuung und andere Dienste für diese Hunde. Gründerin Cristine Justus teilt ihr 20-Hektar-Anwesen mit von Einschläferung bedrohten Hunden. Wie es bei der Double J Dog Ranch heißt: „Sie wissen schließlich nicht, dass sie anders sind ..."

Klappe auf jeder Seite des Kopfes. Dein Hund hat ein äußeres Ohr, ein Mittelohr und ein Innenohr. Die Anatomie des Ohrs deines Hundes ist sowohl ähnlich als auch anders als deine eigene. Die meisten Elemente sind gleich, aber die Form und Größe sind sehr unterschiedlich.

### Die flauschigen Klappen, oder auch: das äußere Ohr

Diese flauschige Klappe, Knorpelstücke und der Gehörgang bilden gemeinsam das äußere Ohr. Der Zweck dieses Teils des Ohrs, der Ohrmuschel, besteht darin, Schall einzufangen und zu den inneren Teilen des Ohrs zu leiten.

Das äußere Ohr eines Hundes unterscheidet sich von dem eines Menschen dadurch, dass es mit Fell bedeckt ist, eine dreieckige Form hat und Hunde viel tiefere Gehörgänge haben. Hunde können ihre Ohren auch leichter bewegen als Menschen, weil sie achtzehn Ohrmuskeln haben. Dies hilft, die Herkunft eines Geräusches genau zu lokalisieren.

Der tiefere Gehörgang konzentriert den Schall besser als der eines Menschen. Auch wenn dies keine perfekte Veranschaulichung ist, so stell dir trotzdem einen langen, schmalen Trichter im Vergleich zu einem Trichter vor, der gedrungener ist und eine breite Öffnung hat, durch die Flüssigkeit fließen kann. Welcher Typ ermöglicht eine bessere Genauigkeit und Konzentration? Der längere, schmalere Trichter konzentriert Tropfen oder einen Strahl in eine engere Formation.

Hunde mit aufrechten Ohren hören besser als Hunde mit Schlappohren. Das macht Sinn, wenn man bedenkt, dass spitze Ohren wie Satellitenempfänger aussehen.

## Das Mittelohr

Der Gehörgang eines Hundes beginnt am äußeren Ohr und verläuft vertikal, bevor er horizontal in Richtung Gehirn abbiegt. Hier beginnt das Mittelohr.

Der Gehörgang trifft auf das Trommelfell. Das Trommelfell sieht aus wie ein Damm zwischen dem Gehörgang und der Paukenhöhle, einem Bereich, der mit Luft gefüllt ist und der die drei kleinsten Knochen im Körper deines Hundes enthält. Diese winzigen Knochen werden oft als Hammer, Amboss und Steigbügel bezeichnet. Ihre Fachbegriffe sind Malleus, Incus und Stapes.

Die drei winzigen Knochen in einem Ohr leiten und verstärken den Schall in Richtung Cochlea (Hörschnecke).

Foto Von
Peggy Leniger

Das Mittelohr hat zwei winzige Muskeln, ein „ovales Fenster" (die Membran, die die Cochlea bedeckt) und die Eustachische Röhre. Die Eustachische Röhre verbindet tatsächlich das Ohr mit der Nase, sodass die Paukenhöhle mit Luft gefüllt bleibt.

### Das Innenohr

Das Innenohr ist klein, aber mächtig. Meine Lieblingsbeschreibung dieser einzigartigen Struktur ist „das knöcherne Labyrinth", was bedeutet, dass es wie eine Schnecke aussieht: hohl und konzentrisch. Das Innenohr enthält die Cochlea und das Vestibularsystem.

Die Cochlea windet sich in engen Kreisen. Dieses Organ hat eine dünne Membran aus Haarzellen, die seine Innenwände bedeckt. Wenn Schall durch die Cochlea prallt, wird der Druck des Schalls in elektrochemische Signale umgewandelt, die an das Gehirn weitergeleitet werden und als bewusster Klang registriert werden.

Das Vestibularsystem ist für die Aufrechterhaltung des Gleichgewichts verantwortlich und hilft bei der Koordination. Dieses System ist bei tauben Hunden normalerweise nicht betroffen, es sei denn, es wurde physisch verletzt.

# Was genau ist Taubheit?

Taubheit ist die Unfähigkeit zu hören. Wenn wir von Taubheit sprechen, meinen wir normalerweise eine vollständige Taubheit, aber Taubheit kann auch einen teilweisen Hörverlust bedeuten. Deshalb hörst und siehst du manchmal, dass manche Menschen von einseitiger Taubheit oder beidseitiger Taubheit sprechen. Meistens verwende ich Taubheit als Synonym für den vollständigen oder überwiegenden Verlust oder das Fehlen des Gehörs.

Taubheit ist nicht immer dauerhaft, daher modifizieren manche Menschen den Begriff als vorübergehende Taubheit. Letztendlich ist Taubheit ein Zusammenbruch irgendwo auf dem Weg vom äußeren Ohr zur Cochlea, wo der Schall in Signale für das Gehirn umgewandelt wird. Das bedeutet, es gibt viele Teile, Orte und Ursachen für Taubheit bei Hunden.

# Beidseitige Taubheit vs. Einseitige Taubheit

Hunde können teilweise taub oder vollständig taub sein. Wenn ein Hund auf nur einem Ohr nicht hören kann, nennt man das unilaterale oder einseitige Taubheit. Einseitige Taubheit ist bei Hunden häufiger.

Einseitig taube Hunde können hören, aber Geräusche nicht richtungsabhängig mit ihrem Gehörsinn lokalisieren. Es ist vergleichbar mit dem Verlust der Tiefenwahrnehmung, wenn wir ein Auge schließen. Viele einseitig taube Hunde lernen, mit ihren anderen Sinnen zu kompensieren. Viele Besitzer merken nie, dass ihre Hunde einseitig taub sind.

Einseitige Taubheit kann, wie beidseitige Taubheit, von Hunden an ihre Welpen weitergegeben werden.

Foto Von
Morgan Elizabeth

Beidseitige Taubheit bedeutet, dass beide Ohren nicht in der Lage sind, Geräusche zu verarbeiten. Natürlich bedeutet das, dass diese Hunde nicht nachverfolgen können, woher ein Geräusch kommt.

Beidseitig taube Hunde lernen auch, ihren Hörverlust zu kompensieren, aber nicht in dem Ausmaß wie einseitig taube Hunde (siehe: „Sie verlassen sich stark auf ihre anderen Sinne").

# Angeborene Störungen

Angeborene Störungen können sowohl einseitige als auch beidseitige Taubheit verursachen. Eine angeborene Störung bedeutet einfach eine Anomalie, mit der der Hund geboren wurde. Angeborene Taubheit ist meistens genetisch bedingt, was bedeutet, dass sie oft von einem oder beiden Elternteilen weitergegeben wird. Die meisten Welpen, die nicht hören können, haben eine angeborene Taubheit.

Es ist wichtig zu beachten, dass die Forschung zur Ursache genetischer Taubheit noch andauert. Die meisten Forscher sind sich einig, dass genetische Taubheit sowohl durch dominante als auch durch rezessive Merkmale verursacht wird.

## *Double Merle und Fellfarbe*

Wie bereits erwähnt, ist angeborene Taubheit meist mit weißer Pigmentierung verbunden. Das bedeutet nicht unbedingt, dass Hunderassen mit heller Färbung, wie der Malteser oder der American Eskimo Dog, höhere Taubheitsraten haben. Die weiße Fellfarbe bei tauben Hunden ist auf einen Mangel an Pigmentierung zurückzuführen, über den die Rasse für gewöhnlich nicht verfügt. Ein tauber Australian Shepherd kann zum Beispiel ganz weiß sein. Ich ziehe für diese Fälle daher die Bezeichnung „Pigmentmangel" vor.

Hunderassen mit Merle-Fellmuster weisen zu einem höheren Prozentsatz Taubheit auf. Das Merle-Muster wird oft als fleckig, gesprenkelt und mit helleren und dunkleren Flecken unterschiedlicher Größe beschrieben. Hunde können Red Merle sein, was bedeutet, dass sie mehr Braun- und Rottöne in ihrem Fell haben, während andere als Blue Merle gelten. Blue Merles haben Schwarztöne anstelle von Braun- oder Rottönen. Das Merle-Gen selbst ist für die helleren Bereiche des Fells verantwortlich. Man kann es sich gewissermaßen als Bleicheffekt vorstellen.

Wenn sich zwei Merle-Hunde paaren (egal welche Rasse und ob sie rot oder blau sind), ist das Ergebnis ein Wurf von Merle- und Double-Merle-Welpen.

Die Double-Merle-Welpen haben zwei Kopien des Merle-Gens, was zu helleren Fellen führt (doppelter Bleicheffekt).

Wenn sich zum Beispiel eine Merle-Deutsche Dogge mit einem Merle-Windhund paart, wird ihr Wurf wahrscheinlich zu 75% aus einfachen Merles

und zu 25% aus Double-Merles bestehen. Diese Double-Merle-Welpen sind mit viel höherer Wahrscheinlichkeit auch taub und pigmentarm.

Ein Grund, warum Dalmatiner eine so hohe Taubheitsrate haben, ist, dass sie als extreme Piebalds (Weißscheckung) oder Merles gelten, wodurch sie ihr weißes Fell und die schwarzen Flecken haben. Die Verdopplung des Merle- oder Piebald-Allels oder Piebald-Gens führt zu einem Mangel an Pigmentierung. Aber wie hängt das mit der Hörfähigkeit eines Hundes zusammen? Hunde haben typischerweise während der Entwicklungsphasen vor und nach der Geburt pigmentproduzierende Zellen in ihren Ohren und Augen. Erinnere dich daran, dass ich erwähnt habe, dass alle Hunde taub geboren werden. Das stimmt. Und erst in der zweiten oder dritten Lebenswoche verlieren Hunde, die taub bleiben werden, die körperliche Fähigkeit, jemals zu hören.

Während Wissenschaftler die Dinge noch sortieren, glaubt man, dass der Mangel an Pigmentzellen eine Einschränkung der Blut- und Flüssigkeitsversorgung zur Cochlea verursacht. Dies führt dazu, dass die Nervenzellen der Cochlea (diese Haarzellen, die Schall aufnehmen) absterben. Und ohne diese Nervenzellen kann Schall nicht in elektrochemische Signale umgewandelt werden, die an das Gehirn gesendet werden.

Double Merles haben oft neben Taubheit auch andere gesundheitliche Probleme, darunter abnormale Pupillen, Sehprobleme, Mikrophthalmie, Sonnenempfindlichkeit und ein erhöhtes Risiko für Hautkrebs (wahrscheinlich aufgrund eines Melaninmangels).

## *Angeborene Taubheit – Besonders betroffene Rassen*

Die Verbindung von angeborener Taubheit mit bestimmten Rassen kann etwas umstritten sein. Viele Züchter und Zuchtverbände vertuschen oder geben zumindest keine Raten angeborener Taubheit bekannt, aus Angst, dass die Rasse oder der Züchter als minderwertig angesehen wird. Hinsichtlich der Forschung ist dies probelamtisch, da Wissenschaftler weniger Möglichkeiten haben, zu untersuchen, wie sich Taubheit im gesamten Spektrum der Rassen darstellt.

Wenn du tatsächlich bei Google nach „Bei wie viele Hunderassen wird Taubheit gemeldet?" suchst, wirst du eine Bandbreite an Antworten von Quellen finden, die als Autoritäten gelten. Einige schlagen 35 Rassen vor, andere 80 Rassen, und einige wiederum100 Rassen. Dr. George M. Strain von der School of Veterinary Medicine der Louisiana State University hat eine Liste von über 104 Rassen mit Fällen angeborener Taubheit erstellt.

Dazu sei gesagt, dass einige Rassen einen Ruf für höhere Raten angeborener Taubheit haben. Mein Hund, Natchez, gehört zu einer dieser Rassen: dem Catahoula, einem Double-Merle.

Einige Rassen mit überdurchschnittlich hohen Taubheitsraten sind:

### Kleine Rassen

- Beagle
- Mini American Shepherd
- Dackel
- Cocker Spaniel
- Jack Russell Terrier
- West Highland Terrier
- Boston Terrier
- Toy- oder Zwergpudel
- Malteser
- Französische Bulldogge
- Parson Russell Terrier

### Mittelgroße Rassen

- Dalmatiner
- Englische Bulldogge
- Sheltie (Shetland Sheepdog)
- English Setter
- Australian Cattle Dog
- Bullterrier
- Akita
- Collie

### Große Rassen

- Boxer
- Australian Shepherd
- Catahoula Leopard Dog
- Deutsche Dogge
- Pit Bull Terrier
- Deutscher Schäferhund

# Hörverlust

Neben der angeborenen Taubheit gibt es auch die erworbene Taubheit. Erworbene Taubheit bedeutet, dass der Hund zu einem bestimmten Zeitpunkt in seinem Leben taub wurde, zum Beispiel aufgrund von Alter oder Verletzung.

Wenn du bemerkst, dass dein Hund seinen Kopf neigt, die Koordination verliert oder chronisch juckende Ohren hat, dann bring ihn zum Tierarzt.

Oft haben Hunde mit erworbenem Hörverlust bessere soziale Fähigkeiten, haben aber Schwierigkeiten, sich an den Verlust ihres Hörsinns zu gewöhnen. Hörverlust kann bei Hunden Stress, Angst, Depression und Desorientierung verursachen.

Wenn dein Hund sein Gehör verliert, liegt es wahrscheinlich an einem der folgenden Gründe.

## *Ohrentzündung oder Otitis*

Ohrentzündungen sind die häufigste Ursache für erworbenen Hörverlust. Während eine schwere Ohrentzündung Taubheit direkt verursachen kann, können auch chronische Ohrentzündungen im Laufe der Zeit dazu führen. Die Entzündung verursacht sowohl vorübergehenden Hörverlust als auch dauerhafte Schäden am Ohr.

Der Schorf oder die Ablagerung, die mit einer Ohrentzündung einhergeht, kann auch Hörverlust verursachen.

## *Presbyakusis oder Hörverlust als Folge des Alterns*

Mit zunehmendem Alter von Hunden und Menschen neigt ihr Gehör dazu, nachzulassen. Eine der häufigsten Ursachen für Taubheit bei älteren Hunden ist ein Problem namens „Presbyakusis". Der mittlere Teil des Ohrs hat drei winzige Knochen, die Schall auf die Cochlea reflektieren.

**FUNFACT**
**Opal, der Double Merle**

Opal ist ein blinder und tauber Australian Shepherd aus Spokane, Washington, bei Christine Bray und Forrest Hutchings Bray. Opal wurde berühmt, als ein Video viral ging, das ihre Begrüßung ihres Vaters nach der Arbeit zeigte. Nun haben Opal und Hundeschwester Pearl, ebenfalls taub, über 21.000 Instagram-Follower (@opalthedoublemerle). Opal ist auch Hauptfigur des gleichnamigen Kinderbuchs von Besitzerin Christine Bray, illustriert von Anna Shawver.

Mit zunehmendem Alter der Hunde werden diese Knochen dicker, was sie weniger effektiv macht.

## Verletzung und Lärmtrauma

Körperliche Verletzungen können vorübergehende, dauerhafte, einseitige oder beidseitige Taubheit bei Hunden verursachen.

Diese Verletzungen werden oft durch extrem laute Geräusche und/oder die Wiederholung lauter Geräusche verursacht. Die winzigen Muskeln im Mittelohr ziehen sich zusammen, um als Reaktion auf das laute Geräusch so klein wie möglich zu werden. Im Laufe der Zeit zerstören die lauten Geräusche die Haarzellen in der Cochlea, was zu dauerhaftem Hörverlust führt. Jagdhunde können diese Form der Taubheit durch Schussfeuer erleben.

Körperliche Verletzungen, die zu Schäden am Ohr oder Kopf führen, können auch erworbene Taubheit verursachen. Von einem Auto angefahren zu werden, ist ein Beispiel für ein extremes Trauma, das Taubheit verursachen könnte.

## Tumore

Hunde können Tumore in ihren Gehörgängen entwickeln. Diese Tumore können sich ausbreiten und müssen oft entfernt werden. Der Tumor selbst oder die Behandlung zur Entfernung des Tumors kann Taubheit verursachen.

Du solltest regelmäßig nach rosa, lila oder weißen Flecken und Wucherungen in den Ohren deines Hundes suchen. Dies könnten Tumore sein.

## Ototoxizität

Ototoxizität, eine durch Chemikalien oder verschreibungspflichtige Medikamente verursachte Toxizität, kann das Innenohr dauerhaft schädigen, was zu Taubheit führt. Wenn bestimmte Medikamente oder Flüssigkeiten direkt ins Ohr gegossen werden, können sie in die Cochlea eindringen und die Haarzellen zerstören.

Viele der verschreibungspflichtigen Medikamente und Ohrreinigungslösungen, die Taubheit verursachen können, werden nicht mehr für Ohrentzündungen oder als Reinigungsmittel verschrieben.

## Andere Gründe

Einige seltenere Ursachen und Korrelationen für Taubheit bei Hunden umfassen:

- Allgemeinanästhesie (dies ist häufiger bei älteren Hunden). Wissenschaftler sind sich nicht sicher, was dies verursacht. Sie denken, dass das Wegdrücken von Blut von der Cochlea oder Kieferkompression die Cochlea beeinflussen könnte.

27

- Verstopfung: Ein Hund kann etwas wie einen kleinen Stein oder Zweig in seinem Gehörgang haben.

- Ablagerung: Wenn sich das Ohrenschmalz eines Hundes ansammelt, kann es vorübergehende Taubheit verursachen.

# KAPITEL 3
# Was taube Hunde besonders macht

## Taube Hunde sind etwas Besonderes

Wenn du mit jemandem sprichst, der einen tauben Hund besitzt, wird er dir wahrscheinlich erzählen, dass sein Hund einzigartig ist. Taube Hunde strahlen vor skurrilen und besonderen Persönlichkeitsmerkmalen. Von ihrer aufmerksamen Fähigkeit, sich die kleinsten Gewohnheiten und Routinen ihrer Besitzer zu merken, bis hin zu ihrem Wunsch, ihren Besitzern zu gefallen – die tauben Fellnasen zeigen oft klassisches Hundeverhalten, aber in verstärkter Form, während andere typische Hundegewohnheiten fehlen.

Taube Hunde bleiben Individuen, während sie gemeinsame Persönlichkeitsmerkmale mit anderen tauben Hunden teilen. Obwohl Taubheit oft als Einschränkung betrachtet wird, formt sie viele Hunde zu Schmusetigern, die ihre Besitzer aufmerksam beobachten, während sie erwartungsvoll auf ein Handzeichen warten.

In diesem Kapitel erfährst du mehr über die besonderen Herausforderungen und Gaben, die taube Hunde zu einzigartigen Begleitern machen.

### *Sie können trainiert werden*

**FUNFACT**
**Deaf Dog Awareness Week**

Die Deaf Dog Awareness Week findet jedes Jahr in der letzten vollständigen Septemberwoche statt. Obwohl taube Hunde immer eine Feier wert sind, ist dies eine gute Woche, um Bewusstsein für die besonderen Eigenschaften dieser Hunde zu schaffen oder an den lokalen Tierschutz zu spenden.

Alle Hunde brauchen Disziplin und Training, um zivilisierte und gehorsame Familienhunde zu werden. Das Gleiche gilt für taube Hunde. Taube Hunde können gedeihen und tun dies auch, solange ihre Besitzer Verhaltenserwartungen setzen und konsequent mit ihnen arbeiten.

Im Gegensatz zu hörenden Hunden verlassen sich taube Hunde nur auf ihren Sehsinn, um Handzeichen in das gewünschte Verhalten zu übersetzen. Wenn du die meisten tauben Hunde beobachtest, wirst du vielleicht bemerken, dass sie oft den Kopf schieflegen, während sie intensiv auf die Hände ihrer Besitzer starren und auf ein Kommando warten. Ihre Konzentration ist oft intensiv und unzerbrechlich.

Sie lernen auch sehr schnell von anderen Hunden, indem sie beobachten, wie ihre Brüder oder Schwestern auf ein Kommando reagieren, und dann das Verhalten nachahmen.

## Sie wollen lernen

Viele Menschen sind überrascht, zu erfahren, dass mein tauber Hund leichter zu trainieren war als mein hörender Hund. Warum war das so? Obwohl ich mir nicht 100 % sicher sein kann, glaube ich, dass sein fehlendes Gehör Ablenkungen eliminiert und seinen Wunsch zu gefallen verstärkt.

Als ich Natchez adoptierte, war er der einzige Hund in meinem Zuhause. Er war extrem futtermotiviert (wahrscheinlich, weil er vor seinem Leben bei mir nicht ausreichend gefüttert wurde). Während seine Futtermotivation einige Probleme verursachte, wie das Durchsuchen des Mülls und den Versuch, auf die Arbeitsplatte zu kommen, machte diese Motivation es mir auch leicht, seine Aufmerksamkeit auf Trainingsbelohnungen zu lenken.

Ich kann mich noch gut an seine Begeisterung erinnern, als er verstand, dass mein Signal für „Sitz" bedeutete: „Wenn ich meinen Hintern auf den Boden setze, dann bekomme ich ein Leckerli." Die Verbindung zwischen meinem Handzeichen, seinem Sitzen und der Belohnung dauerte nur wenige Minuten, und die Wirkung hält ein Leben lang an. Natchez konnte seine Begeisterung für diese einfache Aufgabe nicht zurückhalten. Er stand auf, setzte sich dann, stand wieder auf und setzte sich wieder. Immer und immer wieder.

Er setzt sich noch immer reflexartig hin, wenn er mich beeindrucken oder mich daran erinnern möchte, dass er ein braver Junge ist. Natchez führt seine Kommandos auch zuverlässiger und mit weniger Verwirrung aus als sein hörender Bruder.

Dass Natchez dieses Kommando gelernt hat, führte zu einer großen Veränderung in seiner Persönlichkeit und seinem Verhalten. Die Erkenntnis, dass wir kommunizieren können, schien ihm Sicherheit und einen Sinn zu geben. Nachdem er gelernt hatte, sich zu setzen, machte er weiter Fortschritte beim Lernen (die er auch jetzt noch macht). Tatsächlich hatte er bis zu seinem ersten Tag in der Hundeschule die meisten Kommandos, die dort behandelt wurden, bereits gemeistert.

Wann immer ich kann, nehme ich taube Hunde in Pflege und bringe ihnen so schnell wie möglich das Sitzen bei. Immer wieder stelle ich fest, dass sie das Verhalten schnell aufnehmen und auf ähnliche Weise lernen wie hörende Hunde.

## Sie verlassen sich stark auf ihre anderen Sinne

Taube Hunde sind stark auf ihre verbleibenden Sinne angewiesen. Außerdem unterscheiden sich ihre Verhaltensweisen von denen hörender Hunde.

Wenn du dich entscheidest, einen tauben Hund zu adoptieren, passiert ein Phänomen immer wieder: Selbst nachdem du erklärt hast, dass dein Hund taub ist, werden die Leute trotzdem mit deinem Hund sprechen, Kussgeräusche machen, pfeifen, schnipsen und sogar klatschen, als ob dein Hund sie hören könnte. Sobald sie sich dadurch albern vorkommen, versichere ich ihnen, dass die freundliche Körpersprache von tauben Hunden trotzdem geschätzt wird. Und das stimmt! Taube Hunde achten auf Gesichtsausdrücke, Handgesten und Körperhaltungen. Mein Mann und ich sprechen beide verbal mit unserem tauben Hund, während wir Kommandos signalisieren, ihn begrüßen oder was auch immer tun, was sich natürlich anfühlt. Tatsächlich kann es sein, dass dein tauber Hund selbst einige Zeichen entwickelt, die natürlich entstehen, während ihr interagiert, zum Beispiel das Winken zum Abschied.

Wenn Freunde und Familie versuchen, Natchez verbal zu rufen, wird mir immer wieder bewusst, dass unser erster Instinkt als Menschen darin besteht, mit Hunden auditiv zu kommunizieren. Das liegt daran, dass der Großteil der menschlichen Kommunikation verbal ist, und die Erfahrung hat uns gelehrt, dass Hunde ein feines Gehör haben.

Denk mal darüber nach: Ein freilaufender Hund rennt auf einem Gehweg entlang. Du möchtest diesen Hund einfangen, um ihn seinem Besitzer zurückzugeben. Was ist deine erste Reaktion? Ihm hinterherzurufen, oder? Wir würden den Hund wahrscheinlich für seltsam halten, wenn er nicht langsamer werden und seinen Kopf in Richtung der Stimme drehen würde. Im Laufe der Zeit wurden wir darauf konditioniert, dass Hunde auf unsere Stimmen reagieren. Wenn sie das nicht tun, kann das manche Menschen überraschen. Diese fehlende Reaktion ist unerwartet und kann taube Hunde manchmal seltsam erscheinen lassen. Besonders wenn du spazieren gehst und dein tauber Hund einen Fremden ignoriert, der versucht, die Aufmerksamkeit des Hundes zu erregen. Dies in Kombination mit dem ungewöhnlichen Bellen eines tauben Hundes kann einige seltsame Reaktionen und Blicke hervorrufen.

Weil sie nicht wie normale Hunde reagieren, können taube Hunde manchen Menschen seltsam vorkommen. Zum Beispiel liebt es Natchez, durch meine Vordertür zu laufen, also joggt er vom hinteren Teil des Hauses zur Vorderseite. Wenn jemand in der Nähe ist, erscheint es wahrscheinlich sehr seltsam, dass ich nicht einfach seinen Namen rufe. Stattdessen muss ich ihm hinterherlaufen und ihn berühren, damit er sich umdreht. Seltsam? Ja. Manchmal frustrierend? Natürlich! Kann diese Eigenart behoben werden? Vibrationsstraining kann für die meisten tauben Hunde den verbalen Rückruf ersetzen. Wenn du mehr über Vibrationsstraining erfahren möchtest, siehe Kapitel 7.

## Die anderen Sinne

Sicherlich hast du schon davon gehört, dass, wenn eine Person blind oder taub ist, ihre anderen Sinne schärfer werden. Nun, Studien haben bewiesen, dass dies auch bei tauben Hunden der Fall ist. Es ist nicht so, dass ein tauber Hund einen besseren Geruchssinn hat. Es ist vielmehr so, dass das Gehirn andere Wege schafft, um die Signale der übrigen Sinne stärker und besser zu interpretieren, wenn es keine Verbindung zwischen den Ohren, dem Klang und dem Hören herstellen kann. Daher ist es eher eine Anpassung des Gehirns als eine Veränderung der Sinnesfähigkeiten.

Darüber hinaus scheinen taube Hunde einige der Wahrnehmungssysteme beizubehalten, die im Welpenalter vor dem Öffnen von Augen und Ohren vorhanden sind. Wenn Welpen geboren werden, sind ihre Ohren und Augen verschlossen. Dies macht sie stärker abhängig von anderen Sinneswahrnehmungen, um die Welt zu erkunden und sich in ihr zurechtzufinden. Welpen können riechen, wo ihre Mutter ist, und sich in diese Richtung bewegen. Sie können auch ihre Wärme spüren und wissen dadurch, dass sie in Sicherheit sind. Studien deuten darauf hin, dass taube Hunde sich stärker auf diese Formen der Wahrnehmung konzentrieren, während hörende Hunde gegenüber diesen desensibilisiert werden.

Taube Hunde verlassen sich also stärker auf ihre Schnurrhaare, Vibrationsempfindungen, Temperatur und die innere Fähigkeit, Druckveränderungen zu spüren.

Seit vielen Jahrzehnten sind Experten fasziniert von der Tatsache, dass einige der tauben Fellnasen sich verhalten, als könnten sie hören. Zum Beispiel scheinen einige taube Hunde zu spüren, wenn andere Hunde bellen, ohne sie beim Bellen sehen zu können. Wie können sie wissen, dass ihr Geschwisterchen bellt, ohne es hören zu können? Wissenschaftler haben die Theorie, dass dies höchstwahrscheinlich auf die Wahrnehmung von Vibrationen und eine Druckveränderung im Raum zurückzuführen ist. Wenn man noch einen Schritt weitergeht, dann erkennt man die Möglichkeit, dass der taube Hund die nervösen Pheromone riecht, die mit dem Bellen einhergehen, oder den Atem des anderen Hundes riecht.

Taube Hunde nutzen auch ihre Menschen und Hundegeschwister als Erweiterung ihrer Sinne. „Kletten-Verhalten", auf das ich in diesem Kapitel noch näher eingehen werde, wird oft als Anpassung erkannt. Während dein tauber Hund schläft, wird er wahrscheinlich in körperlichem Kontakt mit dir sein wollen, damit er weiß, wann du aufstehst.

Wenn wir über die Hierarchie der Sinne eines Hundes sprechen, ist es wichtig zu verstehen, dass Hunde sich stärker auf ihren Seh- und Geruchssinn verlassen als auf ihren Hörsinn. Natürlich ist die Unfähigkeit zu hören ein Nachteil, aber kein tödliches Handicap. Bei der Kommunikation nehmen Hunde ihre Gedanken und Gefühle häufiger nonverbal wahr und drücken sie durch Körpersprache aus, verglichen mit der Art und Weise, wie Menschen kommunizieren. Dies liegt wahrscheinlich daran, dass Körpersprache bei der Jagd im Rudel effektiver war. Das bedeutet, dass taube Hunde oft als anständige Hundemitbürger funktionieren können, wenn sie mit anderen spielen und interagieren.

## Der Sehsinn

Was den Sehsinn betrifft, haben Hunde ein besseres peripheres Sehen als Menschen, aber die Schärfe ihres Sehvermögens ist nicht so ausgeprägt. Hunde, die taub geboren werden, passen sich daran an und verlassen sich mehr auf ihren Sehsinn als ein typischer Hund. Ein Sinn, von dem viele Experten glauben, dass taube Hunde ihn aus der Welpenzeit behalten, ist ihre Fähigkeit, Infrarotlicht zu sehen.

Das periphere Sehen ist für einen tauben Hund äußerst praktisch. Wenn du die Aufmerksamkeit eines tauben Hundes erregen möchtest, ist Winken eine gute Methode. Natchez scheint leichte Veränderungen im Licht besser zu erkennen als sein hörender Bruder. Wenn er tief schlafen möchte, versteckt er sich unter einer Decke. Aber wenn ich nicht zu Hause bin, wird ein Schatten, der über seine geschlossenen Augen huscht, ihn oft wecken.

## Geruchssinn

Hunde haben einen viel ausgeprägteren Geruchssinn als wir. Sie erkennen nicht nur minimale Duftnoten, sondern können Gerüche auch leichter voneinander trennen. Zum Beispiel riechen wir Müll, während unsere Hunde die Eierschalen, Bananenschalen und was auch immer sonst noch in den Mülleimer geworfen wurde, riechen.

Hunde verlassen sich auch bei der Navigation auf ihre Nasen. Dies wird oft als „olfaktorische Kartierung" bezeichnet und war für wilde Hunderudel beim Jagen und Reisen in der Nacht äußerst nützlich. Domestizierte Hunde nutzen Gerüche immer noch, um Besucher und Veränderungen in ihrer Umgebung zu erkennen.

Für taube Hunde wird ihr Geruchssinn zu einer der Hauptmethoden, mit denen sie die Welt und Veränderungen in ihrer Umgebung kennenlernen. Einige Besitzer einer tauben Fellnase bemerken, dass ihr Hund erkennen kann, dass sie nach Hause gekommen sind, weil er gerochen hat, dass sie das Haus betreten haben, oder sie haben den Luftzug durch die öffnende Tür bemerkt.

Ich schreibe Natchez' scharfen Geruchssinn oft zu, wie einfach er zu trainieren war. Während taube Hunde nicht mit einem besseren Geruchssinn geboren werden, macht ihre Notwendigkeit, sich auf ihre anderen Sinne zu verlassen, sie aufmerksamer für ihre Umgebung.

Wenn du etwas Spaß mit deinem tauben Hund haben möchtest, können Geruchstrainingsspiele ein Vergnügen sein. Versuche, Leckerlis in deinem Wohnzimmer oder Haus zu verstecken, und beobachte, wie deine taube Fellnase sie aufspürt.

## Der feine Tastsinn

Der Tastsinn wird für taube Hunde und ihre Kommunikation mit ihren Besitzern lebenswichtig. Oft ist das Antippen deines tauben Hundes der einfachste Weg, seine Aufmerksamkeit zu erregen. Mit dem Tipp-Training wird dein tauber Hund auch lernen, dass das Berühren von dir mit seiner Nase eine Möglichkeit ist, zu kommunizieren.

**FUNFACT**
**Deaf Dog Education Action Fund (DDEAF)**

DDEAF wurde 1996 von Mitgliedern einer E-Mail-Liste für taube Hunde gegründet, um Geld für den Transport tauber Hunde zu liebevollen Familien zu sammeln und Tierheime zu meiden, wo sie eingeschläfert werden könnten. DDEAFs Mission ist es, „Bildung und Finanzierung bereitzustellen, um das Leben tauber Hunde zu verbessern und/oder zu retten." Die gemeinnützige Organisation finanziert sich durch Spenden und Mitgliedsbeiträge.

Taube Hunde scheinen auch äußerst geschickt darin zu sein, Wind oder Luftbewegungen, Temperaturänderungen und Änderungen des Luftdrucks zu spüren. Ab und zu erwische ich Natchez dabei, wie er nach oben und um sich herum schaut und dann die Lüftungsschlitze anbellt. Die meisten Hunde scheinen Änderungen des Luftdrucks wahrnehmen zu können, was sie dazu bringt, vor Unwetter Schutz zu suchen.

Taube Hunde verlassen sich auch auf die Wahrnehmung von Vibrationen. Es ist verständlich, dass die meisten hörenden Hunde gegenüber dem Gefühl kleiner Vibrationen desensibilisiert werden. Sie werden sonst durch all die Eindrücke, die ihnen zur Verfügung stehen, überstimuliert. Nach meiner Beobachtung scheint es, als ob hörende Hunde dazu neigen, Vibrationen zu ignorieren, während taube Hunde sich im Laufe der Zeit immer mehr auf sie einstimmen.

Natchez kann oft die Vibrationen im Boden spüren, wenn jemand geht. Er kann auch die Luftbewegung und Vibrationen spüren, wenn sich eine Tür öffnet und schließt.

### Kuschelmonster

Taube Hunde sind die Definition von „Kletten-Hunden". Sie sind ständig an ihren Besitzern dran. Wenn du nach einem Hund suchst, der gerne schmusen oder kuscheln mag, besteht eine ausgezeichnete Chance, dass ein solcher Hund deine Erwartungen übertreffen wird.

# Nervige Eigenheiten

Einen tauben Hund zu besitzen erfüllt mich mit mehr Freude, als ich jemals wirklich beschreiben könnte, aber es ist nicht alles Friede, Freude, Eierkuchen. Natchez hat, wie so viele andere taube Hunde, einige Eigenheiten, auf die ich verzichten könnte. Natürlich bin ich der Meinung, dass die Vorteile, einen tauben Hund zu besitzen, diese bei weitem überwiegen, aber das mag nicht für jeden so sein.

### Bellen

Taube Hunde haben typischerweise ein überdurchschnittlich lautes Bellen, da sie nie gelernt haben und auch nie lernen werden, ihre Stimmen an den Raum oder die Situation anzupassen. Sie klingen oft unmusikalisch, monoton oder einfach nur seltsam. Einige taube Hunde haben ein sehr hohes Bellen, während andere tiefe, knurrende Stimmen haben. Ich habe einmal einen tauben Bullterrier-Welpen in Pflege genommen, der wie ein quietschendes Spielzeug klang.

Mir ist aufgefallen, dass andere Menschen oft darüber erschrocken sind, wie laut Natchez' Bellen ist. Manchmal klingt es, als würde er durch ein Megaphon bellen. Das kann für neue Freunde einschüchternd sein.

Die meisten tauben Hunde bellen auch zu Zeiten, zu denen hörende Hunde möglicherweise nicht bellen. Zum Beispiel bellen viele taube Hunde gerne beim Spielen. Natchez wird, wie viele taube Hunde, bellen, während er im Hundepark läuft und andere Hunde jagt. Auch hier werfen uns die anderen Hundebesitzer oft seltsame Blicke zu. Manche Leute werden sogar nervös oder ängstlich, weil sein Bellen so mächtig ist.

## Was bringt taube Hunde zum Bellen?

Es ist leicht zu verstehen, was hörende Hunde zum Bellen bringt. Es sind oft Geräusche: die Türklingel, die Autotür oder Stimmen von Personen, die am Haus vorbeigehen. Das ist bei tauben Hunden nicht der Fall, obwohl die Motivation zum Bellen oft identisch ist.

Freude und Aufregung sind zwei unerwartete Gründe, warum taube Hunde bellen könnten. Wie ich erklärt habe, bellen viele taube Hunde, während sie mit anderen Hunden spielen. Die Reaktion ihrer Artgenossen könnte das Bellen positiv verstärken, oder die Vibrationen fühlen sich einfach gut an. Natürlich kann es sein, dass hörende Hunde irgendwann versuchen, beim Spielen zu bellen, und einfach feststellen, dass es nicht effektiv ist oder von anderen Hunden nicht geschätzt wird.

Natchez schreit buchstäblich vor Freude, wenn er für einen Spaziergang an die Leine genommen wird. Die Geräusche, die er dann von sich gibt, erinnern sehr an die Lautäußerungen eines Hundes, dem man auf den Schwanz getreten ist. Das Geräusch wird etwas weniger kreischend, wenn er merkt, dass er eine Autofahrt machen wird (seine Lieblingsaktivität auf der Welt).

Stress und Angst sind zwei weitere Gründe, die am anderen Ende des Spektrums liegen. Angstbedingtes Bellen kann das Ergebnis davon sein, dass sich der Hund verletzlich, eingeschüchtert, unsicher oder nicht selbstbewusst fühlt.

Um zu entscheiden, ob dein tauber Hund aufgrund von Angst bellt, achte auf die Körpersprache deines Hundes und den Kontext des Bellens. Wenn Natchez aufgrund von Angst bellt, vermeidet er oft den Augenkontakt mit dem, wovor er Angst hat. Andere Anzeichen von Stress sind Hecheln, steife Gliedmaßen, Unfähigkeit, sich zu entspannen oder zur Ruhe zu kommen, Zittern, Auf- und Ablaufen, Verstecken und unbeabsichtigtes Urinieren. Wenn du diese Anzeichen bemerkst, ist es oft am besten, einen Verhaltenstherapeuten zu kontaktieren (siehe Kapitel 6), aber Bewegung und geistige Stimulation können helfen, die Angst einer tauben Fellnase zu lindern.

Einige taube Hunde bellen aufgrund von Trennungsangst. Dieses Bellen, Wimmern oder Schreien kann wirklich herzzerreißend sein. Natchez litt früher unter Trennungsangst und er stieß ein sehr trauriges, hochfrequentiertes Wimmern aus, sobald ich die Tür schloss. Es gab auch Zeiten, in denen ich nach Hause kam, und er lag immer noch wimmernd und weinend auf dem Bett.

Frustration kann bei einigen tauben Hunden dazu führen, dass sie bellen. Wenn Natchez' Abendessen zu lange dauert oder er bei einem Kommando verwirrt ist, wird er bellen. Leider lernen taube Hunde, da sie so klangvoll beeindruckend bellen, dass diese Methode hervorragend geeignet ist, um ihre Besitzer dazu zu bringen, irgendwie zu reagieren, damit das Bellen stoppt.

Dies führt jedoch zu unbeabsichtigter Verstärkung. Ich habe das auf die harte Tour gelernt. Natchez begrüßt Gäste in unserem Haus, indem er bellt. Natürlich glaubte ich, dies sei ein Zeichen von Nervosität und Angst, weil Fremde im Haus sind. Ich begann, Gäste zu bitten, sein Vertrauen mit Leckerlis zu gewinnen. Schließlich bellte er und bekam dann ein Leckerli. Er verband diese Aktionen in seinem Kopf und dachte, dass das Anbellen von Hausgästen eine einfache Methode sei, um Leckerlis zu verdienen. Es brauchte Sitzungen mit einem Verhaltenstherapeuten, um dies zu erfahren, und trotzdem fällt Natchez immer noch in diese Gewohnheit zurück.

Einige taube Hunde bellen, wenn sie verwirrt sind. Wenn Natchez denkt, dass ich meine Schuhe anziehe, um spazieren zu gehen, wird er vor Aufregung bellen. Er wird auch bellen, wenn er denkt, dass ich die Tür öffnen werde, auch wenn ich es nicht tue. Diese Art des Bellens kann wiederum Besitzer tauber Hunde verwirren, da es schwierig sein kann zu bestimmen, welche deiner Handlungen, täglichen Rituale oder Routinen das Bellen triggert.

Viele Besitzer tauber Fellnasen hatten Erfolg bei der Modifizierung des Verhaltens, um das Bellen zu minimieren. Der Schlüssel zum Erfolg ist, genau zu identifizieren, was deinen tauben Hund zum Bellen bringt, um dann das Negative durch positive Verstärkung zu ersetzen. Manche Besitzer haben Schwierigkeiten, ihren tauben Hunden das Bellen abzugewöhnen. Natchez' Erfolg schwankt in dieser Hinsicht.

### Citronella-Anti-Bell-Halsbänder

Die meisten Anti-Bell-Produkte sind für hörende Hunde konzipiert. Einige funktionieren aber auch für ihre tauben Artgenossen. Mehrere Unternehmen stellen Citronella-Anti-Bell-Halsbänder her, die einen leichten Zitrusduft versprühen, sobald der Hund bellt. Hunde mögen diesen Geruch von Natur aus nicht, was eine negative Assoziation mit dem Bellen schafft. Bei tauben Hunden ist es jedoch ein Glücksspiel: Bei einigen funktionieren sie großartig, aber nicht bei allen.

Es gibt einige Nachteile bei dieser Art von Produkten. Der erste ist, dass das Bellen anderer Hunde manchmal das Spray auslöst. Auch andere Vibrationen, die durch das Bellen kommen, können das Spray auslösen.

Ein weiterer Nachteil ist, dass die Schallerkennungs- und Spraybox an diesen Halsbändern recht sperrig ist. Die Box ist etwa so groß wie eine Ringschachtel, was bei einem kleinen Hund lächerlich aussieht. Einige Hundebesitzer haben außerdem bemerkt, dass das Spray aufgrund der Einheitsgröße entweder zu direkt in die Nase oder genau auf der Kinnunterseite sprüht, was den Hund überhaupt nicht beeinflusst.

Natchez trug früher ein Citronella-Anti-Bell-Halsband. Ich fühlte mich immer ein wenig verlegen, weil das Halsband wie ein Schockhalsband aussah. Ich nahm an, dass die Leute entweder dachten, ich sei herzlos, oder Natchez sei bösartig. Ich erinnere mich auch daran, dass ich mich wie ein schrecklicher Hundebesitzer fühlte, als ich vergaß, es auszuschalten und Natchez seinen Kopf aus dem Autofenster streckte. Der Fahrtwind löste

Foto Von
Julia Philp

dabei ständig das Spray aus. Er wurde also permanent besprüht, bis ich anhalten und das Halsband ausschalten konnte.

Letztendlich hörte sein Halsband auf zu funktionieren, nachdem er es beim Laufen durch zu viele Pfützen getragen hatte.

Das Halsband half ein bisschen. Natchez lernte, leiser zu bellen, fast lautlos, um das Spray nicht auszulösen. Wenn dein tauber Hund viel bellt, würde ich sagen, dass das Halsband einen Versuch wert ist. Sie kosten normalerweise etwa vierzig Euro, wobei Nachfüllungen für das Spray etwa fünfzehn Euro kosten.

### Halsbänder und Geräte mit Ultraschall

Mit Ultraschall arbeitende Halsbänder und Geräte gehören zu den neuesten Technologien, um das Bellen uninteressanter zu machen. Diese funktionieren, indem sie einen Ton im höchsten Bereich des Hundegehörs verwenden, der für Menschen unhörbar ist. Der Ton funktioniert ähnlich wie eine Hundepfeife.

Funktioniert es für taube Hunde? Einseitig taube Hunde werden den Ton hören können, obwohl Hunde, die beidseitig taub sind, ihn meistens nicht hören. Wie ich bereits erklärt habe, behalten einige beidseitig taub geborene Hunde die Fähigkeit, die höchsten Tonregister zu hören. Dennoch deutet jede Rezension, die ich gelesen habe, darauf hin, dass diese für taube Hunde nicht funktionieren, was sie zu einer Verschwendung deiner Zeit und deines Geldes macht.

Die Ausnahme von der Regel wäre, wenn ein weiterer Hund auf die Tür, den Postboten oder Passanten reagiert und so deinen tauben Hund zum Bellen anregt. In diesem Fall könnte das Ultraschall-Anti-Bell-Gerät eine gute Investition sein. Wenn du den hörenden Hund vom Bellen abhältst, hältst du den tauben Hund davon ab, einzustimmen.

### Einem tauben Hund das Bellen abgewöhnen

Einem tauben Hund das Bellen abzugewöhnen ist die konsequenteste und sicherste Methode, um unnötiges Bellen zu eliminieren. Es gibt verschiedene Methoden, je nachdem, was das Bellen deines tauben Hundes auslöst. Die Informationen aus diesem Absatz funktionieren am besten in Kombination mit den Inhalten aus Kapitel 5.

### Wie du deinem tauben Hund beibringst, Frustrationsbellen zu reduzieren oder zu eliminieren

Wenn du das Gehirn deines tauben Hundes umtrainierst, dann denke immer daran, dass ein Belohnen deines Hundes für das Bellen das Problem verschlimmern wird.

Wenn dein Hund dich anbellt, weil er ungeduldig ist, ignoriere das Verhalten, bis das Bellen aufhört. Belohne den Hund für diesen kurzen Moment der Stille und gib dein Zeichen. Sollte dein Hund wieder anfangen zu bellen, wiederholst du das Ganze.

Wenn dein Hund aus Frustration in einer Situation bellt, die nicht oft vorkommt – etwas blockiert beispielsweise den Weg oder er versucht krampfhaft, ein Leckerli-Puzzle zu lösen –, dann ist es wahrscheinlich besser, deinen Hund einfach in Ruhe zu lassen. Wenn du möchtest, dass das Bellen aufhört, kannst du deinen Hund ablenken und den Auslöser entfernen.

## Bellen aus Spaß und Freude

Dagegen kannst du nicht viel tun, da dein Hund wahrscheinlich so abgelenkt und stimuliert ist, dass er jedes Signal ignorieren wird. Wenn du ein Vibrationshalsband verwendest, dann könnte es funktionieren. Wenn dein Hund es ignoriert, drücke nicht weiter auf den Knopf, da du deinen Hund sonst gegen seine Wirkung desensibilisierst.

## Bellen aus Angst

Wenn dein tauber Hund extreme Angst hat, solltest du zunächst deinen Tierarzt oder einen tiermedizinischen Verhaltenstherapeuten (im Gegensatz zu einem typischen Verhaltenstherapeuten) konsultieren. Dein Hund könnte nämlich von einem verschreibpflichtigen Medikament profitieren. Oft wird sich das Verhalten deines Hundes verschlimmern, wenn du Angstsymptome und Bellen unbehandelt lässt.

Die meisten Verhaltenstherapeuten empfehlen Desensibilisierung und den Ersatz der negativen Gefühle gegenüber dem Auslöser durch positive mittels positiver Verstärkung. Das „Schau-mal-da-Kommando" ist das, was ich bei Natchez verwendet habe. Wenn er sich ängstlich fühlt, aber der Auslöser noch weit weg ist, wird er auf das schauen, was seine Angst verursacht, und dann mich checken. Unmittelbar nach seinem Blick zu mir erhält er ein Leckerli. Dies lenkt seine Aufmerksamkeit und sein Verhalten um und beschäftigt ihn mit einem positiven und erwünschten Verhalten, anstatt mit dem Bellen.

Du kannst deinen Hund auch dem aussetzen, was er anbellt. Warte einen Moment, und sobald das Bellen aufhört, gib das Zeichen und belohne deinen Hund. Dies kann in Sitzungen durchgeführt werden, die progressiv länger werden.

# Trennungsangst

Alle Hunde können Trennungsangst entwickeln. Wenn dein Hund niedergechlagenes oder ängstliches Verhalten zeigt, sobald du dich zum Gehen fertig machst, könnte er unter Trennungsangst leiden. Die häufigsten Symptome von Trennungsangst bei Hunden sind destruktives Verhalten, wenn sie allein gelassen werden: Kauen, Weinen, Jammern, an der Tür kratzen oder sogar Fluchtversuche und Unfälle während deiner Abwesenheit.

Es wird angenommen, dass taube Hunde häufiger Trennungsangst entwickeln als ihre hörenden Artgenossen. Obwohl es derzeit keine Studien darüber gibt, die die Häufigkeit von Fällen zwischen hörenden und tauben Hunden vergleichen, berichten viele Besitzer tauber Hunde, dass ihre Fellnasen irgendwann unter Trennungsangst gelitten haben.

Die Ursache von Trennungsangst bei Hunden, egal ob taub oder hörend, konnte von Wissenschaftlern noch nicht vollständig nachvollzogen werden. Tatsächlich zeigen viele Studien widersprüchliche Ergebnisse hinsichtlich der Prädisposition bei Hunden, die gestresstes Verhalten zeigen, sobald ihre Besitzer weggehen. Die Hauptauslöser für Trennungsangst beinhalten oft eine große Änderung im Zeitplan, der Routine oder dem Zuhause eines Hundes. Diese Änderungen können das Gefühl von Komfort und Normalität eines Hundes destabilisieren, was zu Unsicherheiten bezüglich seiner Sicherheit, Zukunft und seines Wohlbefindens führt. Hunde, die eine innigere Bindung zu ihren Besitzern zeigen, sind anfälliger für Trennungsangst. Zusätzlich haben Hunde, die aus Tierheimen adoptiert wurden, eher Trennungsangst als solche, die aus einem Wurf eines Familienmitglieds oder Freundes adoptiert wurden. Taube Hunde werden häufiger aus Tierheimen und Rettungsorganisationen geholt als von Züchtern oder Familienfreunden.

Obwohl wir keine definitiven Antworten darauf haben, warum taube Hunde manchmal unter Trennungsangst leiden, gibt es viele gültige Gründe, warum gehörlose Hunde sich panisch und nervös fühlen könnten, wenn sie allein gelassen werden. Erstens macht ihre Unfähigkeit zu hören sie verletzlicher, was eine Quelle der Nervosität sein kann. Zusätzlich zur Verletzlichkeit verlassen sich taube Hunde auf ihre Besitzer, um Hinweise und Signale zu erhalten. Wenn ihre Besitzer weg sind, könnten sie sich eingeschränkt fühlen.

Es ist auch wichtig zu bedenken, dass taube Hunde, wie auch frisch adoptierte hörende Hunde, oft eine Phase der Trennungsangst durchlaufen, die sich meist von selbst abschwächt. Diese Phase tritt möglicherweise nicht sofort nach der Adoption auf, sondern entwickelt sich innerhalb von einer oder mehreren Wochen. Es kann eine Woche oder einige Wochen dauern, bis sich die Angst entwickelt und auch wieder löst, da dein Hund Vertrauen und Verlässlichkeit entwickeln und dich als Sicherheitsquelle sehen wird.

Als ich Natchez adoptierte, hatte er in der ersten Woche einen wirklich schlimmen Fall von Trennungsangst. Er zerriss sein Hundebett in Fetzen, und es gelang ihm, die Metallstangen seiner Box auseinanderzubiegen. Es war, gelinde gesagt, intensiv. Dann verblasste die Angst, nachdem ich seine Box in den vorderen Raum verlegt hatte, wo er sich in ihr entspannen und trotzdem das Gefühl haben konnte, dass wir zusammen waren. Er konnte auch sehen, wie ich ging. Er entwickelte einen weiteren Fall von Trennungsangst, nachdem wir von Louisiana nach Florida und von Florida nach Tennessee umgezogen waren. Diese Vorfälle sind typische Szenarien, in denen Trennungsangst auftreten könnte. Glücklicherweise passte er sich der Veränderung an und seine Angst verschwand.

## Wie du deinem Hund helfen kannst, mit Trennung umzugehen

Als Hundebesitzer kann Trennungsangst herzzerreißend sein. Die Emotionen und Schuldgefühle, deinen Hund zu verlassen, können dich überwältigen. Besonders schlimm ist es, wenn dein Hund versucht, zur Tür hinauszukommen und dabei weint. Wenn ein Hund Angst durch Zerstörung ausdrückt, fühlen Haustierbesitzer oft eine zusätzliche Schicht von Furcht, da sie sich Sorgen machen, was sie in Fetzen vorfinden werden, sobald sie nach Hause kommen. Es ist wichtig, dass du gelegentlich in dich horchst, um dich daran zu erinnern, dass es deinem Hund gut geht und er Trennungsangst überwinden kann. Wenn du dich überfordert fühlst oder die Angst deines Hundes schwerwiegend ist, dann kontaktiere einen Verhaltenstherapeuten oder deinen Tierarzt. Andernfalls kannst du einige der unten beschriebenen Taktiken ausprobieren, um deinem Hund zu helfen, besser mit deinem Weggehen umzugehen.

Wenn dein tauber Hund Trennungsangst hat, solltest du ihn nicht für destruktives Verhalten bestrafen. Es hat sich gezeigt, dass dies tatsächlich die Angst des Hundes erhöht.

Wenn dein Hund in einer Box ist, kann es helfen, die Box in einen Bereich des Hauses zu verlegen, von dem aus dein Hund sehen kann, wie du hinausgehst. Taube Hunde können nicht hören, wie sich die Tür öffnet. Dein Verschwinden kann daher verwirrender sein, da dein Hund glaubt, dass du irgendwo im Haus sein könntest. Einige Besitzer tauber Hunde versuchen, sich aus dem Haus zu schleichen, ohne dass ihr Hund weiß, dass sie gehen. Dies kann die Angst jedoch erhöhen und dein Hund lernt außerdem nicht, dass das Verlassen durch die Tür bedeutet, dass du nur vorübergehend weg bist.

## Desensibilisierung

Desensibilisierung wird oft als die erfolgreichste Methode genannt, um Trennungsangst zu reduzieren und zu beseitigen. Diese Methode hilft deinem Hund durch schrittweise Exposition zu lernen, dass dein Weggehen in Ordnung und nur vorübergehend ist.

Wenn dein tauber Hund deine Bewegungsabläufe, die das Verlassen des Hauses signalisierten, auswendig gelernt hat und beginnt, Anzeichen von Trennungsangst zu zeigen, dann solltest du dort an diesem Punkt anfangen. Verbringe mit dem ersten Desensibilisierungstraining so viel Zeit wie möglich. Mache Pausen, um deinem Hund zu helfen, sich zu erholen, auszuruhen und mental zurückzusetzen. Wenn du deine gesamte Verlassensroutine durchlaufen kannst, ohne tatsächlich für längere Zeit weggehen zu müssen, wird dein Hund weniger geneigt sein, in seine Trennungsangst zurückzufallen.

Isoliere die angstauslösenden Handlungen: das Anziehen deiner Schuhe, das Gehen zur Haustür, das Greifen nach deinen Schlüsseln und deinem Mantel. Führe diese Aktion im Sichtfeld deines tauben Hundes aus, aber gehe nicht weg. Kehre zu deinen normalen Aktivitäten im Haus zurück. So schwer es auch sein mag: Ignoriere das Weinen deines Hundes. Deinen Hund zu trösten, kann das Verhalten verstärken. Bleibe ruhig, und dein Hund wird sich beruhigen. Wiederhole diese Abläufe, bis die Angst deines Hundes nachlässt.

Nachdem die Angst deines Hundes über den anfänglichen Auslöser nachgelassen hat, kannst du zum Verlassen durch die Tür übergehen. Du kannst deinem Hund helfen, sich selbstbewusster und kontrollierter zu fühlen, indem du ihn einige Meter von der Tür entfernt sitzen und bleiben lässt. Wirf deinem Hund ein Leckerli zu. Wenn du deinen Hund erst kürzlich adoptiert hast, dann bist du vielleicht noch nicht an dem Punkt, an dem er auf Kommando sitzt und bleibt. In diesem Fall würde ich empfehlen, den Abschnitt über Boxentraining in Kapitel 5 anzusehen.

Sobald dein Hund sitzt und bleibt, öffnest du die Tür und gehst hinaus. Bleibe einige Sekunden lang auf der anderen Seite der Tür und komme dann zurück. Wiederhole diesen Ablauf und verlängere die Zeit, die du weg bist. Nachdem dein Hund sich an dein Verschwinden zu gewöhnen scheint, kannst du deine vollständige Verlassensroutine mit ihm üben.

Gib deinem Hund Zeit. Wenn du überfordert bist, mache eine Pause. Versuche, dies jeden Tag zu üben.

## Medikamente und Pheromone

Es ist immer eine gute Idee, deinen Tierarzt über das Verhalten deines Hundes aktuell zu halten. Dein Tierarzt kann dir eine Einschätzung geben, ob dein Hund ein guter Kandidat für ein Medikament zur Angstbewältigung ist.

Viele Hundebesitzer, die nach einer Alternative zu Medikamenten suchen, entscheiden sich dafür, zunächst Pheromonoptionen auszuprobieren. Im Gegensatz zu verschriebenen Medikamenten kommt die Pheromontherapie ohne Nebenwirkungen und kann einfacher in der Anwendung sein (du musst deinen Hund beispielsweise nicht dazu bringen, eine Pille zu schlucken). Du kannst Pheromonprodukte über deinen Tierarzt oder rezeptfrei bekommen. Sie können deinem Hund helfen, sich zu beruhigen. Adaptil ist eines der beliebtesten Pheromonprodukte für Hunde.

Wie viele Produkte, die für Haustiere entwickelt wurden, wirken Pheromone nicht bei allen Hunden. Aber Studien zeigen, dass Pheromone die meisten Hunde effektiv beruhigen und Angstsymptome reduzieren.

Pheromone sind chemische Botenstoffe, die mit Bereichen des Gehirns interagieren, um verschiedene Effekte zu erzeugen. Es gibt natürliche Pheromone, die bestimmte Bereiche des Hundegehirns aktivieren. Zum Beispiel produziert eine Mutterhündin ein Pheromon namens „Dog Appeasing Pheromon" (DAP), das Welpen beruhigt und tröstet. Pheromondiffusoren und -halsbänder enthalten synthetische Versionen dieser Chemikalien, die natürlichen Pheromone identisch nachahmen. Wenn ein Hund diese Pheromone riecht, nimmt das Jacobson-Organ, das sich im Gaumen befindet, diese Gerüche auf und sendet Signale an Bereiche des Gehirns. Diese werden dadurch stimuliert und führen zu einer beruhigenden Wirkung.

Die Diffusoren haben im Gegensatz zu den Halsbändern eine begrenzte Reichweite. Die meisten Nachfüllungen und Halsbänder halten etwa vier Wochen. Diese können auch gut in Kombination mit Desensibilisierungstraining funktionieren.

## Die Assisi-Schleife und gezielte gepulste elektromagnetische Feld-Technologie

Zusätzlich zu Medikamenten und Pheromonen gibt es ein neues medizinisches Gerät, das tauben Hunden helfen kann, ihre Angst zu überwinden und zu reduzieren: den Calmer Canine Halo. Dies ist eine Assisi-Schleife, die Hunde für zwei fünfzehnminütige Sitzungen täglich für vier bis sechs Wochen tragen. Pilotstudien haben gezeigt, dass die Mehrheit der Hunde, die das Calmer Canine Halo verwenden, eine Verbesserung zeigt.

Es wurde gezeigt, dass gezielte gepulste elektromagnetische Feld-Technologie (tPEMF), auf der das Calmer Canine Halo beruht, Hunden mit

Trennungsangst hilft. Diese Geräte funktionieren, indem sie elektrische Ströme zum Gehirn deines Hundes pulsieren, Entzündungen reduzieren, Neuronen neu ausrichten und die natürliche Produktion von Stickstoffmonoxid im Körper erhöhen, um dem Gehirn zu helfen, besser zu funktionieren und leichter einen ruhigen Zustand zu erreichen. Hunde spüren den Strom nicht. Das Gerät für Trennungsangst sieht aus wie ein kleiner Heiligenschein, der an einer Weste befestigt ist. Der Hund trägt die Weste für eine Sitzung tPEMF jeden Tag für einige Monate.

Das Gerät ist erst seit 2020 verfügbar und diese Technologie relativ neu, wenn es um die Behandlung von Trennungsangst bei Hunden geht. Ich vermute, dass in naher Zukunft mehr Produkte zu niedrigeren Preisen entwickelt werden. Während die klinischen Studien zeigen, dass tPEMF bei der Reduzierung von Trennungsangst wirksam ist (nicht vollständig beseitigt), ist das Gerät eine finanzielle Investition.

Ich habe dieses Gerät zufällig entdeckt, während ich darüber schrieb, wie man Haustieren bei der postoperativen Genesung hilft. Ihre Website hatte damals einen kleinen Abschnitt, der besagte, dass sie seine Wirksamkeit bei der Unterstützung von Hunden mit Angst testeten. Ich war natürlich skeptisch, aber nachdem ich mit meinem Tierarzt gesprochen hatte, beschloss ich, Calmer Canine auszuprobieren, um zu sehen, ob es Natchez bei seiner Anhänglichkeit und seinen Symptomen der Trennungsangst helfen könnte. Zu meiner Überraschung wurde Natchez mit der Zeit weniger ängstlich und nervös. Natchez liebte es, das Gerät zu tragen. Er wedelte mit dem Schwanz und tauchte praktisch in das Geschirr ein. Mit der Zeit entschied er sich dazu, auf dem Bett zu schlafen, und wurde im Allgemeinen zufriedener, ohne an mir zu kleben. Während die Verwendung von tPEMF für Trennungsangst relativ neu ist, bietet dieser Ansatz eine lang anhaltende Verbesserung für Hunde ohne die Verwendung von verschreibungspflichtigen Medikamenten.

## Bewegung, Training und geistige Stimulation

Beschäftigt, engagiert und geistig stimuliert zu bleiben ist für alle Hunde von Vorteil. Bewegung und geistige Stimulation führen zu erholsamerem Schlaf und reduzierter Angst. Hunde mit Trennungsangst können durch Bewegung und Training nervöse Energie freisetzen und Selbstvertrauen gewinnen.

Studien zeigen, dass Hunde, die als Welpen mehr Situationen außerhalb des Hauses ausgesetzt sind, niedrigere Raten von Trennungsangst haben. Dies liegt wahrscheinlich an dem gewonnenen Selbstvertrauen und der erlangten Unabhängigkeit. Hinzu kommt eine Entwicklung hin zu einer ängstlichen Grundeinstellung. Bewegung und geistige Stimulation reduzieren auch Langeweile, die zu destruktivem Verhalten führen kann.

Du kannst deinem tauben Hund durch tägliches Training, Geruchsspiele, Spaziergänge, Leckerli-Puzzles, Besuche im Hundepark und interaktives Spielzeug Ablenkung und Hilfe gegen die Trennungsangst verschaffen.

## Ein Geschwisterchen

Taube Hunde mit Hundegeschwistern kommen oft besser mit Trennung zurecht als Einzelhunde. Da taube Hunde sich auf ihre Besitzer verlassen, um Hinweise über die Welt um sie herum zu erhalten, können sie nervös werden, sobald ihre Besitzer weg sind. Wenn sie diese Hinweise von einem anderen Hund erhalten können, wird die Angst, allein und verletzlich zu sein, reduziert.

Solltest du also einen weiteren Hund adoptieren? Es ist eine große Entscheidung, die ich in Kapitel 6 bespreche.

## Schattenbellen und -jagen

Während Schattenbellen und -jagen keine Verhaltensweisen sind, die sich auf taube Hunde beschränken, tauchen diese Ticks bei ihnen häufig auf. Die meisten Quellen deuten darauf hin, dass das Jagen von Schatten und Lichtern eine Form der Zwangsstörung (OCD) bei Hunden ist. Wenn es aber um taube Hunde geht, besonders solche mit zusätzlichen Sehbehinderungen, erkennen sie nicht, dass Schatten unbelebt sind. Denn fehlende Geräusche sind ein sicheres Zeichen dafür, dass etwas nicht lebt, und diese Differenzierung ist für taube Hunde unmöglich.

Wir als Menschen erkennen, dass Schatten nicht lebendig sind und dass sie mit dem Objekt verbunden sind, von dem sie geworfen werden. Wir lernen dies durch Beobachtung. Wir sehen, dass der Schatten mit der Bewegung synchron ist und hören, dass er keinen Ton von sich gibt. Wenn du darüber nachdenkst, wie ein tauber Hund die Welt sieht, erkennst du schnell, wie fremd, beängstigend und verwirrend Schatten sind.

Hier ist ein Beispiel, das dies meiner Meinung nach gut veranschaulicht: Als ich Natchez adoptierte, gingen wir nachts auf Spaziergänge durch ein Feld, das an ein Apartmentgebäude und eine Apotheke grenzte. Lichter beleuchteten den Parkplatz und projizierten unsere Schatten auf einen etwa 15 Meter entfernten Müllcontainer. Diese Schatten waren schmal, aber hoch. Als Natchez diese furchteinflößenden, dunklen Figuren sah, erschrak er, sprang zurück und bellte dann in ihre Richtung. Wie sollte er wissen, dass es einfache Schatten waren? Wie sollte er wissen, dass sie harmlos waren und sich nicht auf uns zu bewegten? Ohne die Fähigkeit zu hören können diese alltäglichen Ereignisse sehr beängstigend sein. Mit der Zeit werden taube Hunde lernen, dass Schatten harmlos sind, aber du kannst mit solchen Situationen rechnen.

Ich erinnere mich auch an eine schwierige Situation, als Natchez aus dem Nichts entdeckte, dass Deckenventilatoren Schatten an die Decke werfen. Er schaute zur Decke hoch, duckte sich und bellte. Es dauerte etwa eine Woche, bis ich herausfand, was das Problem war. Die Bewegung im Licht, kombiniert mit der Bewegung der Luft, ließ den Ventilator für ihn lebendig oder zumindest einschüchternd erscheinen. Wenn der Ventilator nicht lief, ging es Natchez gut. Ich verbrachte etwa eine Woche ohne Deckenventilatoren. Als ich sie dann wieder einschaltete, ging es ihm gut.

Natchez war auch überaus verwirrt von einem Heizlüfter. Irgendwann waren die Temperatur und die glühenden Spulen überfordernd. Als Besitzer eines tauben Hundes kannst du erwarten, dass solche Rätsel von Zeit zu Zeit auftauchen.

Was das Schattenjagen oder Lichtjagen betrifft, so solltest du vermeiden, eine Taschenlampe oder einen Laserpointer als Spielzeug zu verwenden. Wenn du dich später dazu entscheidest, Taschenlampensignale oder einen Laserpointer als deinen Ersatz für einen Klicker zu verwenden, dann bereitet der damit verbundene Spielinstinkt dich auf ein Scheitern vor.

Wenn du bemerkst, dass dein tauber Hund Schatten jagen möchte, entmutige das Verhalten durch Umlenkung. Stelle sicher, dass dein Hund genügend geistige Stimulation, Spiel und Bewegung erhält. Frage bei deinem Tierarzt nach, ob ein Nahrungsergänzungsmittel helfen könnte. Du willst unbedingt vermeiden, dass dieses Verhalten zwanghaft wird. Du möchtest, dass dein Hund in der Lage ist, Schatten nach Möglichkeit zu ignorieren. Wenn dein tauber Hund tatsächlich in den Bereich der Zwangsstörung gerät, kann es für den Hund psychisch belastend sein, denn die zwanghafte Beschäftigung lässt keine psychologische Auszeit oder Erleichterung zu.

## Nervosität und Selbstvertrauen

Viele taube Hunde können schnell nervös wirken. Diese Nervosität oder ein mangelndes Selbstwertgefühl können sich auf negative Weise manifestieren, wie eben Bellen und Vorschnellen. Wenn du jemals einen verletzten Hund gesehen hast, der seine Zähne zeigt, knurrt und schnappt, dann weißt du, dass dieser Hund nur versucht, sich selbst zu schützen. Das Gleiche trifft auf einige nervöse, taube Hunde zu. Sie könnten aggressive Warnsignale nutzen, um selbstbewusster zu erscheinen. Andere Hunde werden auf typischere Weise ängstlich erscheinen: Schwanz einziehen, sich verstecken, kauern und Augenkontakt vermeiden.

Diese Tendenzen können überwunden werden!

Viele nervöse Verhaltensweisen kommen daher, dass man sich vor der Welt fürchtet oder ängstigt. Langsame Exposition anderer Hunde, Orte und Szenarien kann einem Hund helfen, Selbstvertrauen und Verständnis aufzubauen.

Training und Hundekurse tragen auch viel dazu bei, tauben Hunden zu helfen, sich selbstbewusster zu fühlen. Wenn dein tauber Hund lernt, dass du mit ihm kommunizieren kannst, wird dein Hund beginnen, sich sicherer zu fühlen, weil seine Bedürfnisse erfüllt werden. Das Erlernen von Kommandos hilft einem Hund auch, sich unabhängiger zu fühlen.

Die Unterstützung durch einen Trainer kann dir und deinem Hund dabei helfen, durch die Welt mit erhobenem Kopf zu navigieren.

## Kletten-Hund

Taube Hunde sind Kletten-Hunde. Es gibt keine andere Möglichkeit, es auszudrücken. Sie kleben an ihren Besitzern, Geschwistern und oft auch an Hausgästen. Wie ich bereits erwähnt habe, werden Besitzer tauber Hunde zu einer Erweiterung oder einem Wahrnehmungswerkzeug für ihre Fellnasen. Erwarte also, dass, wenn du zu Hause bist, dein tauber Hund im selben Raum wie du sein wird und wahrscheinlich irgendeine Form von körperlichem Kontakt mit dir haben möchte.

Dein tauber Hund wird wahrscheinlich lernen, sich nicht direkt an oder unter deine Füße zu legen. Dies kann aber eine Weile dauern. Als Teil des Lernprozesses wirst du vermutlich hin und wieder auf Pfoten treten.

Natchez liegt während des Duschens neben der Badewanne. Er wird sich auch gegen jede Tür legen, die uns trennt. Ich vermute, wenn sein Geschwisterchen Fritz aufgeschlossener dafür wäre, würde er sich mehr an ihn klammern. Viele Besitzer tauber Hunde, mit denen ich gesprochen habe, sagen, dass ihre tauben Gefährten dazu neigen, mehr an ihren Geschwistern zu hängen als an ihnen.

Als Hundebesitzer musst du entscheiden, wo du die Grenze ziehst. Darf er im Bett mit dir schlafen und auf deinem Hocker sitzen? Sei dir darüber im Klaren, dass taube Hunde von Natur aus sehr an ihren Betreuern hängen. Wenn dies eine Eigenschaft ist, die du nicht schätzt, möchtest du vielleicht keine taube Fellnase adoptieren.

## KAPITEL 4
# Die Entscheidung für einen tauben Hund

## Was du bei deiner Entscheidung bedenken solltest

Einen neuen Hund in dein Leben aufzunehmen ist eine große Entscheidung. Ein Hund ist für seine gesamte Versorgung von seinem Besitzer abhängig. Das kann enormen Druck auf dich ausüben, wenn du über deinen nächsten vierbeinigen Begleiter nachdenkst. Der Entscheidungsdruck kann sich in Sorgen, Unsicherheit, Selbstzweifel und Schuldgefühle verwandeln, während du eine Webseite nach der anderen mit Hunden durchscrollst, die liebevolle Familien suchen.

Wenn es um die Entscheidung geht, einen tauben Hund zu adoptieren, kann zusätzlich noch die Angst vor dem Unbekannten mit einhergehen. Die meisten potenziellen Adoptiveltern haben nicht viel Zeit mit tauben Hunden verbracht. Noch weniger haben jemals einen aufgezogen. Webseiten können dich zusätzlich verwirren: Einige sagen, es sei nicht anders als die Pflege eines hörenden Hundes, während andere die Betreuung eines tauben Hundes so darstellen, als bräuchtest du acht Arme und ein Zertifikat in Hundeverhalten.

Die Realität ist, dass taube Hunde beim Training etwas mehr Überlegung erfordern können, aber größtenteils ist diese zusätzliche Überlegung eher eine Veränderung der Denkweise als eine zeitliche Investition.

**FUNFACT**
**Ghost**

Ghost ist ein tauber Rauschgiftspürhund des Washington State Ministeriums für Soziales und Gesundheit. Ghost, früher Gator, wurde in Florida gerettet, stand aber wegen seiner Taubheit auf der Einschläferungsliste. Glücklicherweise wurde er an die Olympic Peninsula Humane Society vermittelt, wo Dr. Suzy Zustiak den energischen Welpen mit Trainerin Barbara Davenport zusammenbrachte. Ghost absolvierte 240 Stunden Training mit Hundeführer Joe Henderson, der per Handzeichen und Vibrationshalsband mit ihm kommuniziert.

Wenn du dich von der Idee, einen tauben Hund zu adoptieren, eingeschüchtert fühlst, dann ist das normal. Wisse einfach, dass jeder, der in der Lage ist, einen Hund zu versorgen, auch einem tauben Hund alles geben kann, was er braucht und möchte.

Was Zeit und Kosten betreffen, ist die einzige größere Investition, die du in Betracht ziehen solltest, ein Verhaltenstherapeut. Diese Zusammenarbeit ist für dich und deinen Hund äußerst profitabel. Außerdem profitieren alle Hunde, besonders taube, von der Sozialisierung mit anderen Menschen und Hunden. Diese Überlegungen gelten jedoch für viele verschiedene Hundetypen.

Eine Frage, die du dir stellen solltest, ist, warum du einen Hund adoptieren möchtest. Wenn du einen Hund zum Apportieren oder als Jagdbegleiter haben möchtest, ist ein tauber Hund nicht die richtige Wahl. Wenn du einen Hund möchtest, der tief schläft, dich zum Lachen bringt und deine Zuneigung mit Liebe erwidert, solltest du die Adoption eines tauben Hundes in Betracht ziehen.

## *Passt deine Persönlichkeit*

Wie alle Hunde sind auch taube Hunde Individuen, jeder mit seiner eigenen Persönlichkeit. Der einfachste Weg, um zu entscheiden, ob ein tauber Hund die richtige Wahl für dich ist, ist daher, etwas Zeit mit ihm zu verbringen. Alle Hunde brauchen Zeit, um stubenrein zu werden und sich an deine Routine zu gewöhnen. Wenn du keine Zeit für das Training eines Hundes hast, würde ich dir empfehlen, ein pflegeleichteres Haustier zu adoptieren.

Eine der besten Möglichkeiten, um herauszufinden, ob du für einen tauben Hund geeignet bist, ist der direkte Kontakt. Du könntest einen tauben Hund in Pflege nehmen oder mit einem Tierheim zusammenarbeiten, das taube Hunde aufnimmt. Die meisten Menschen erkennen dabei schnell, dass sich die tauben Fellnasen nicht sehr von hörenden Hunden unterscheiden. Sie werden dir nachlaufen, dich ablecken, mit dem Schwanz wedeln und fröhlich mit anderen Hunden spielen. Mit dem Personal eines Tierheims zu sprechen kann dir auch helfen, einen besseren Eindruck von der individuellen Persönlichkeit eines Hundes zu bekommen.

Taube Hunde sind großartige Begleiter, sowohl für entspannte als auch für perfektionistische Personen. Perfektionisten schätzen das Training, das mit dem Besitz tauber Hunde verbunden ist. Wenn ein tauber Hund eine neue Fähigkeit erlernt, fühlt es sich wie eine große Errungenschaft an. Umgekehrt lieben entspannte Hundebesitzer, dass taube Hunde mehr als zufrieden sind, wenn sie sich beim Fernsehen einfach entspannen und mit dir zu kuscheln. Es gibt sogar taube Hunde, die im Agility-Training hervorragend sind.

Die einzigen Persönlichkeitstypen, die möglicherweise nicht gut zu einem tauben Hund passen, sind Menschen, die leicht aus der Fassung geraten oder sehr ungeduldig sind. Was Natchez betrifft, neige ich dazu, über Situationen zu lachen, die andere vielleicht frustrierend finden. Im Gegensatz zu einem hörenden Hund wird Natchez manchmal einfach nicht zu mir schauen oder seinen Kopf wegdrehen. Wenn er jedoch eines meiner Handzeichen sieht, dann wird er es selten ignorieren.

Musst du ein erfahrener Hundebesitzer sein, um einen tauben Hund richtig zu trainieren und zu versorgen? Nein. Es gibt einige Vorteile für Ersthundebesitzer bei der Betreuung eines tauben Hundes. Zum Beispiel musst du kein Trainingswissen neu erlernen oder ersetzen, um dich an das Training eines tauben Hundes anzupassen. Viele Ersthundebesitzer sind auch äußerst bestrebt, im Training alles richtig zu machen, was zu einer großartigen Einstellung beim Training eines tauben Hundes führt.

Das bedeutet aber auch, dass erfahrene Hundebesitzer von tauben Hunden profitieren können. Die Grundlagen des Hundeverhaltens zu kennen kann helfen, wenn es darum geht, die Körpersprache eines tauben Hundes oder anderer Hunde, denen du begegnest, zu lesen.

Foto Von
Lara DePietro

52

Letztendlich passen sich taube Hunde an die Persönlichkeiten ihrer Besitzer an und umgekehrt. Alles, was es braucht, ist Zeit und ein offenes Herz.

## Lebensqualität: Ist es ethisch vertretbar, einen tauben Hund zu halten?

Taube Hunde führen ein erfülltes Leben. Die meisten erkennen nicht, dass sie sich von anderen Hunden unterscheiden. Taube Hunde bilden starke Bindungen zu ihren Besitzern und ihren tierischen Geschwistern. Sie empfinden kein Selbstmitleid und fühlen sich nicht beeinträchtigt oder behindert. Sie wollen einfach nur ihren Besitzern gefallen und ein normales Hundeleben führen.

Bei der Betrachtung der Lebensqualität eines tauben Hundes ist es wichtig, den Hund nicht zu vermenschlichen. Was wollen Hunde vom Leben? Dies kann einfach beantwortet werden: Sie wollen eine gute Gesundheit, geistige Anregung, eine Bindung zu ihrem Besitzer oder ihrer Familie, Bereicherung, Sinn und Zweck im Leben sowie Sicherheit durch Routine. Arbeitshunde brauchen vielleicht mehr Bereicherung und Sinnhaftigkeit, während ein Zwergspitz möglicherweise mehr Wert auf die Bindung zu seinem Besitzer legt. Aber im Grunde genommen beeinträchtigt die Unfähigkeit zu hören nicht die Fähigkeit eines Hundes, ein erfülltes Leben zu führen.

Es ist wichtig, sich an die Bedürfnisse deines Hundes anzupassen, um ihm eine bessere Lebensqualität zu bieten. Minimiere den Stress deines Hundes, indem du geduldig bist, ihn körperlich und visuell beruhigst und versuchst, ihn nicht zu erschrecken.

Wenn Taubheit im Alter mit anderen Problemen wie Blindheit, Inkontinenz und mangelnder Mobilität einhergeht, dann ist es am besten, die Lebensqualität deines Hundes mit deinem Tierarzt zu besprechen. Mache eine Liste aller Aktivitäten, die dein Hund liebt, und notiere, an welchen er nicht mehr teilnehmen kann. Sprich dann mit deinem Tierarzt über chronische Schmerzen und deine anderen Beobachtungen.

Es gibt viele Hunde, die von Geburt an blind und taub sind, die auch ein langes, glückliches Leben führen.

## Zeit, Geld und Engagement

Welpen und Hunde erfordern Ressourcen. Größere Hunde benötigen mehr Futter, haben höhere Tierarztkosten und ihre Zubehörteile wie Betten und Halsbänder kosten oft mehr. Welpen erfordern oft mehr Zeit, gerade beim Thema Stubenreinheit. Taube Hunde erfordern die gleiche Menge an Zeit, Engagement, Geld und Geduld in Bezug auf diese Dinge.

Zeit: Menschen, die sich für die Adoption tauber Hunde entscheiden, gehen davon aus, dass es einen größeren Zeitaufwand gibt. Daher investieren sie oft mehr Zeit, um die Bedürfnisse ihrer Hunde kennenzulernen. Dieses Buch ist ein gutes Beispiel. Wenn es mir zur Verfügung gestanden hätte, hätte ich es von vorne bis hinten gelesen, bevor ich Natchez adoptiert habe. Ich habe wirklich jede verfügbare Ressource vor und nach der Aufnahme von Natchez gelesen. Ist das eine absolute Voraussetzung? Nicht wirklich. Aber du wirst dich wahrscheinlich sicherer fühlen, wenn du Zeit investierst, um herauszufinden, was dich erwartet.

Das Gleiche gilt für die Zeit, die es braucht, deinen tauben Hund zu sozialisieren. Nein, die Sozialisierung ist nicht erforderlich, aber es wird deinem Hund zugutekommen. Der Sozialisierungsprozess ist jedoch nicht zeitaufwendiger als bei einem hörenden Hund. Ich finde, dass mein tauber Hund zusätzliche Zeit benötigt, um den Menschen zu erklären, dass er taub ist und wie sie mit ihm interagieren sollen.

Geld: Die Tierarztkosten für einen tauben Hund unterscheiden sich nicht von denen eines hörenden Hundes. Adoptionsgebühren für taube Hunde werden oft gesponsert oder sind die gleichen wie für andere Hunde. Als ich Natchez adoptierte, hatte Zappos zufällig alle Adoptionen für diesen Tag gesponsert.

Viele taube Hunde profitieren von Trainingsausrüstung wie Vibrationshalsbändern. Du kannst auch zusätzliche Ausrüstung kaufen, die das Leben erleichtern kann, wie ein Geschirr, das deinen Hund als taub identifiziert, oder ein Pheromon-Halsband/-Diffusor. Die strategische Auswahl der Ausrüstung kann helfen, Geld zu sparen.

Viele Besitzer tauber Hunde gewinnen Verständnis und Selbstvertrauen durch die Zusammenarbeit mit Trainern und Verhaltenstherapeuten. Diese können preislich variieren. Einige Tierheime lassen Adoptierende einen Vertrag unterschreiben, in dem sie zusagen, dass sie ihrem adoptierten Hund professionelle Hilfe zukommen lassen, anstatt ihn zur Wiederadoption abzugeben.

Engagement: Bei der Adoption eines tauben Hundes musst du dich verpflichten, den Hundebesitz in gewisser Weise zu überdenken. Das Erlernen der DGS (Deutsche Gebärdensprache) oder einer Mischung aus DGS und anderen Zeichen erfordert den Willen, auf eine andere Weise mit deinem Hund zu kommunizieren. Du musst dich auch damit auseinandersetzen, wie du mit deinen anderen Hunden in Bezug auf deinen tauben Hund kommunizieren wirst.

Es ist auch wichtig, deinen Hund zu beobachten, um seine Bedürfnisse kennenzulernen. Du findest mit der Zeit und einem aufmerksamen Blick heraus, was dein Hund braucht, um erfolgreich für einen tauben Hund zu sorgen. Viele dieser Dinge sind nicht immer direkt offensichtlich.

## Adoption eines erwachsenen Hundes vs. eines Welpen

Wenn du dich für die Aufnahme eines pelzigen Neuzugangs entscheidest, dann stellt sich die Frage, ob du einen Welpen oder einen erwachsenen Hund adoptieren solltest. Beide bringen ihre eigenen Herausforderungen mit sich.

In Tierheimen gibt es mehr erwachsene, taube Hunde. Das kann daran liegen, dass manche Familien Welpen adoptieren, ohne zu wissen, dass sie taub sind. Wenn der Welpe dann wächst und nicht auf traditionelle Weise lernt, oder sie tatsächlich entdecken, dass der Welpe taub ist, geben sie ihn

Foto Von
Kelli and Jason Rakozy
@willowandsushi on IG

im Tierheim ab. Dies führt zu vielen tauben Hunden in Tierheimen, die an der Schwelle zum Erwachsenenalter stehen. Dazu bringen Züchter taube Welpen oft auch in Tierheime, sobald sie alt genug sind, um von ihren Müttern getrennt zu werden.

Welpen müssen stubenrein gemacht und an die Leine gewöhnt werden. Taube Welpen lernen auch nicht auf die gleiche Weise Beißhemmung wie ihre Geschwister, daher wird es einige Zeit, Verständnis und Training erfordern, um angemessenes Verhalten zu lehren. Wenn du Kinder hast, solltest du hinsichtlich der vielen Welpenbisse vielleicht einen erwachsenen Hund in Betracht ziehen.

Viele Menschen erfahren große Befriedigung aus der Aufzucht eines tauben Welpen. Die Adoption eines Welpen ermöglicht es dir, die Freude zu erleben, deinen Hund von seinen frühesten Momenten an beim Lernen und Erkunden der Welt zu beobachten. Einer der größten Vorteile bei der Adoption eines Welpen ist, dass du seine vollständige Gesundheitshistorie und den familiären Hintergrund kennen wirst.

Es kann einfacher sein, erwachsene taube Hunde zur Adoption aus Tierheimen zu finden. Wie bei allen Adoptionen erwachsener Hunde haben auch erwachsene taube Hunde in Tierheimen Traumata erlebt. Je nach Hintergrund eines Hundes kann dieses Trauma Verhalten, Selbstbewusstsein und Vertrauen beeinflussen. Da taube Hunde von ihren ursprünglichen Besitzern oft missverstanden werden, können sie aus Situationen kommen, die möglicherweise Missbrauch beinhalteten.

Andererseits wurden einige taube Hunde in Pflegestellen aufgenommen und trainiert, was dir die anfängliche Arbeit und Anpassung erleichtern kann.

Manche Menschen finden die Betreuung eines tauben Seniorhundes erfüllend. Persönlich habe ich festgestellt, dass es äußerst lohnend ist, einem älteren Hund Liebe, Komfort und viele Leckerbissen und Kuscheleinheiten zu bieten. Die Adoption eines Seniorhundes hat eine andere emotionale Resonanz als die Adoption eines Welpen oder eines erwachsenen Hundes.

**FUNFACT**
**Gisele Veilleux**

The Dog Liberator ist eine No-Kill-Tierschutzorganisation in Florida. Das 2009 von Gisele Veilleux gegründete Tierheim fokussiert sich auf Hütehunde. 2013 veröffentlichte Veilleux „Deaf Dogs Hear With Their Hearts" über den tauben und teilweise blinden Australian Shepherd China, der als Welpe aus einem Tierheim gerettet wurde. Bis 2019 rettete Dog Liberator über 2000 Hunde.

Sie hat auch einige einzigartige Vorteile, die für den Lebensstil mancher Menschen gut funktionieren können. Zum Beispiel benötigen ältere Hunde weniger Bewegung und sind oft stubenrein. Seniorenhunde passen daher großartig zu jemandem, der einen unkomplizierten Hund sucht.

Im Gegensatz zu Welpen wird ein älterer Hund nicht an deinen Möbeln kauen und seine Taubheit ermöglicht es ihm oft, den ganzen Tag über bequemer zu ruhen. Wenn du die Adoption eines älteren Hundes, der taub oder schwerhörig ist, in Betracht gezogen hast, solltest du die zusätzlichen Bedürfnisse berücksichtigen, die einige ältere Hunde haben.

Einige Programme zur Vermittlung von Seniorhunden übernehmen die Tierarztkosten. Bedingung dafür ist oft, dass du innerhalb eines bestimmten Umkreises von der Organisation oder dem Tierheim wohnst, welches das Seniorenprogramm anbietet, da du oft einen bestimmten Tierarzt aufsuchen musst, mit dem eine Kooperation besteht.

Wenn die Rettungsorganisation die Kosten nicht übernimmt, solltest du darauf vorbereitet sein, Tierarztkosten zu übernehmen, und deinen Tierarzt den Hund untersuchen lassen, um dir einen Eindruck von seinen gesundheitlichen Bedürfnissen zu verschaffen. Zum Beispiel konnte ein halbtauber und halbblinder Beagle, den ich betreut habe, unsere Treppen nicht hinauf- und hinunterklettern und benötigte eine Operation wegen Brustkrebs und infizierten Zähnen. Glücklicherweise kam unsere Gemeinschaft zusammen, um die Kosten für ihre Operation zu übernehmen. Wenn sie es nicht getan hätten, dann wäre es für mich ziemlich teuer gewesen.

Eine der einfachsten Möglichkeiten, um zu entscheiden, ob ein erwachsener Hund oder ein Welpe besser zu dir und deinem Haushalt passt, ist die Interaktion mit tauben Hunden und Welpen. Nicht alle tauben Hunde sind gleich. Daher kann ein Hund besser zu deiner Persönlichkeit passen als ein anderer.

Die meisten Menschen sagen: „Wenn du es weißt, weißt du es" oder „Mein Hund hat mich ausgewählt." So war es bei Natchez. Als er den Kennenlern-Spielbereich betrat, kam er direkt auf mich zu und lehnte sich an mich.

Die Aufnahme eines tauben Hundes oder Welpen als Pflegestelle kann dir die Möglichkeit geben, zu sehen, wie ein bestimmter Hund in dein Leben passt, ohne den Druck, dich dauerhaft zu verpflichten. Am wichtigsten ist, dass du deinem Herzen und deinem Bauchgefühl vertraust. Wenn es sich nicht richtig anfühlt, dann geh auf Abstand und denke darüber nach.

# Die Vorbereitung auf eine Adoption

Wenn es darum geht, deinen neuen besten Freund nach Hause zu bringen, gibt es einige Vorbereitungen, die den Übergang viel reibungsloser gestalten können. Von Sicherheitsbedenken bis hin zu Zeitplanung und Vorräten: Deinen neuen tauben Hund auf Erfolg einzustellen, wird auch dich als Hundebesitzer auf Erfolg einstellen.

## *Ist jetzt der richtige Zeitpunkt für eine Adoption?*

Wahrscheinlich bist du, wenn du dieses Buch in die Hand genommen hast, ein Planer. Du hast die Adoption und die Erweiterung deiner Tierfamilie in Betracht gezogen. Aber vielleicht fragst du dich, ob jetzt der beste Zeitpunkt ist, um einen tauben Hund nach Hause zu bringen. Ähnlich wie bei Kindern werden dir viele Menschen sagen, dass es keinen perfekten Zeitpunkt gibt. Wenn du immer wieder auf den perfekten Moment wartest, wirst du etwas verpassen. Obwohl es definitiv Zeiten im Leben gibt, in denen ein neuer Familienzuwachs nicht die idealste Situation wäre.

Deinen Zeitplan zu überprüfen ist immer eine gute Idee, wenn es um die Adoption eines Hundes geht. Denke daran, dass dein neuer Hund tägliche Spaziergänge, Zeit zum Trainieren und Spielzeit benötigt.

Taube Hunde gedeihen mit Routine. Deine Routine muss nicht jeden Tag identisch sein, aber du solltest in der Lage sein, deinen neuen Kumpel an den meisten Tagen ungefähr zur gleichen Zeit zu füttern und mit ihm Gassi zu gehen. All das soll heißen: Wenn du in naher Zukunft eine größere Veränderung erwartest, solltest du vielleicht mit der Adoption eines neuen Hundes warten.

Im Folgenden findest du einige Situationen, in denen du die Adoption eines tauben Hundes möglicherweise verschieben solltest.

### Du erweiterst deine menschliche Familie

Ich würde empfehlen, mit der Adoption eines tauben Hundes zu warten, wenn deine Familie kurz vor der Erweiterung steht. Kinder erfordern viel Pflege, Aufmerksamkeit und Zeit. Das tiefe Bellen eines tauben Hundes kann dazu führen, dass ein Baby weint. Außerdem klingt die Kombination aus einem weinenden Neugeborenen und einem bellenden, tauben Hund wie eines der stressigsten Szenarien, die ich mir vorstellen kann.

Eine weitere Überlegung, wenn es darum geht, einen tauben Hund mit einem kleinen Kind zusammenzubringen, ist, dass Hunde im Allgemeinen dazu neigen, ein bisschen Angst vor Kindern zu haben. Das liegt daran, dass Kinder näher auf Augenhöhe mit ihnen sind und gerne mit den

Händen herumfuchteln, rennen und all diese entzückenden Dinge tun, für die wir Kinder umso mehr lieben.

Insgesamt schlagen die meisten Hundeadoptionskoordinatoren vor, dass gebrechliche Hunde und Welpen unter fünf Monaten nicht die besten Haustiere für Haushalte mit Kindern unter sieben Jahren sind. Das liegt auch daran, dass Welpen noch ihre spitzen und scharfen Milchzähne haben und Kinder unter sieben Jahren noch lernen müssen, wie man Hunde streichelt und mit ihnen umgeht. Bei tauben Hunden ist die Milchzahn-Richtlinie etwas wichtiger. Viele taube Welpen lernen die Beißhemmung nicht so schnell wie andere Hunde, daher könnte ihr Knabbern etwas schmerzhafter sein.

## Du ziehst in naher Zukunft um

Wenn du einen unmittelbaren Umzug planst, dann willst du vielleicht warten, bis du dich in deinem neuen Zuhause eingelebt hast, um einen tauben Hund zu adoptieren. Taube Hunde haben das Bedürfnis nach einer bekannten Umgebung. Die Anpassung an zwei neue Häuser hintereinander und das Kennenlernen einer neuen Familie können für einen frisch adoptierten tauben Hund etwas zu viel sein.

Wenn dein Umzug mehr als einen Monat oder so entfernt ist, hast du wahrscheinlich genug Zeit, um deinem neuen Hund zu helfen, sich an seine Familie anzupassen, und das kann ihm helfen, besser mit der großen Veränderung umzugehen.

## Stelle dir dein aktuelles Leben mit einem tauben Hund vor

Während du durch deinen Tag gehst, denke darüber nach, was anders wäre, wenn du einen tauben Hund zu versorgen hättest. Wenn du bereits einen oder mehrere Hunde hast, wird deine Routine wahrscheinlich ähnlich sein, bis auf, dass tägliche Hundeaufgaben etwas mehr Zeit in Anspruch nehmen.

Menschen ohne Hunde sollten eine große Veränderung in der Nutzung ihrer Zeit erwarten. Von Toilettenpausen bis hin zur Einplanung von Zeit für geistige und körperliche Stimulation kann ein neuer Hund so zeitaufwendig sein wie ein Job.

Oft ist das größte Zeitengagement in den ersten Wochen und Monaten nötig. Das Einbringen eines neuen Haustiers in die Familie erfordert Wachsamkeit und Aufmerksamkeit. Besonders wichtig ist es, deinen neuen tauben Hund bei der Interaktion mit Haustiergeschwistern und Kindern zu beobachten. Deinen Hund auf Anzeichen zu beobachten, dass er möglicherweise die Toilette benutzen muss, und ihn von Ärger fernzuhalten, kann für neue Hundeeltern auch ermüdend werden.

Der überwiegende Teil der Pflege eines tauben Hundes kann in kurzen Zeitabschnitten erledigt werden. Längere Aufgaben umfassen den Besuch des Hundeparks, des Tierarztes, Spaziergänge und Training. Kürzere Aufgaben summieren sich jedoch.

Insgesamt möchtest du, wenn du planst, einen tauben Hund zu adoptieren, dass die Erfolgschancen günstig sind. Die unglückliche Situation, einen Hund ins Tierheim zurückzubringen, ist traumatisch für den Hund und auch für dich. Die Entscheidung zur Adoption sollte nicht spontan oder impulsiv sein. Es ist unfair gegenüber dem Hund und dir, wenn es nicht funktioniert.

Wenn du nicht die Zeit, Energie oder Mittel hast, um einen Hund zu adoptieren, dann ist es besser zu warten.

## Finde Unterstützung

Eine Gruppe von Unterstützern kann für neue Besitzer tauber Hunde einen großen Unterschied machen. Ein gutes Supportsystem kann dir helfen, Dampf abzulassen, wenn du dich gestresst fühlst, und dir Ratschläge und beruhigende Worte bieten. Sich an andere zu wenden, bevor du deinen tauben Hund nach Hause bringst, kann dir von Anfang an eine Ressource für deine Reise bieten.

Freunde und Familienmitglieder, die Hunde haben, können sich mit den meisten Situationen identifizieren, die du mit deinem neuen Hund erleben wirst. Es ist großartig, ein paar Leute zu haben, die du anrufen oder denen du eine Nachricht über deinen Hund schicken kannst. Sie werden mit dir feiern, wenn du Erfolge und Meilensteine erlebst. Sie können dir Ratschläge geben oder einfach zuhören, wenn du Frust ablassen musst.

Du kannst Unterstützung von anderen Hundebesitzern durch Hundetrainingskurse oder den Hundepark finden.

Ein weiterer großartiger Ort, um andere Eltern tauber Hunde zu treffen, ist online. Es gibt einen Subreddit (r/deafdogs), wo du erfahrene Besitzer tauber Hunde findest, die immer bereit sind, mit dir zu chatten. Es gibt auch viele Apps, über die du dich mit Hundebesitzern in deiner Nachbarschaft und Besitzern tauber Hunde in deiner Stadt verbinden kannst. Ich hatte großes Glück mit den Apps Nextdoor und BarkHappy.

## Mache einen Plan

Bevor du deinen tauben Hund abholst, solltest du einen Plan für die kommenden Tage, Wochen und Monate haben.

Dein Plan für den ersten Tag sollte beinhalten, wo die Transportbox deines neuen Hundes stehen wird, wer mitten in der Nacht aufstehen wird, um deinen Hund nach draußen zu bringen, und wer bei deinem Hund bleiben wird, wenn er Angst hat und weint. Entscheide, wo du deinen neuen Hund füttern wirst, wie und wann du ihn deinen vorhandenen Haustieren vorstellen wirst und wer mit ihm spazieren gehen wird.

Die Verantwortung für die Reinigung potenzieller Unordnung aufzuteilen wird die ersten Tage viel einfacher machen. Prokrastiniere nicht und halte dein Umfeld und deine Umgebung sauber. Dies kann verhindern, dass kleine Unordnungen zu großen Unordnungen und Problemen werden.

Einen entzückenden tauben Hund zum ersten Mal nach Hause zu bringen kann sehr aufregend sein. Du möchtest diese Aufregung vielleicht mit Freunden und anderen teilen, aber ich schlage vor, zu warten, bis dein Hund sich ein bisschen eingelebt hat, bevor du Gäste einlädst. Die zusätzlichen Gäste können bei deinem neuen Hund zu Verwirrung führen.

Viele neue Besitzer tauber Hunde erleben auch eine gewisse Nervosität. Das ist normal. Einen Plan zu haben, wie du mit deiner Nervosität oder deinem Stress umgehen kannst, kann ein Lebensretter sein. Denke daran, dass es in Ordnung ist, deinen Welpen oder Hund in die Box zu setzen, wo er sicher ist, und dir einen Moment zu nehmen, um etwas frische Luft zu schnappen und dich neu zu kalibrieren. Mit unterstützenden Personen zu sprechen, kann auch enorm helfen.

Was die Planung für die kommenden Wochen und Monate betrifft, so sollte die Suche nach einem Tierarzt oberste Priorität haben. Bitte Freunde und Familie um Empfehlungen und lies Online-Bewertungen. Nachdem du eine Praxis gefunden hast, in der du dich wohlfühlst, vereinbare einen Termin für eine erste Untersuchung, um die Betreuung bei deinem Tierarzt zu etablieren. Erwähne, dass dein Hund taub ist. Viele Tierärzte werden bei Bedarf Anpassungen vornehmen, einschließlich der Möglichkeit, in deinem Auto statt im Wartezimmer zu warten. Diagnose und Pflege im Notfall laufen viel reibungsloser ab, wenn dein Tierarzt deinen Hund gesehen hat und über seine Tierarztunterlagen verfügt.

Wisse außerdem, wo dein Hund bleiben wird, während du bei der Arbeit bist oder Besorgungen machst. Wenn du Reisen geplant hast, entscheide früh genug, ob du eine Tierpension oder einen Hundesitter zu Hause nutzen wirst. Du möchtest vielleicht einige Hundesitter oder Gassigeher interviewen, damit du sie kennenlernst, bevor du dich entscheidest, einen zu engagieren.

Informiere dich über Trainer und Verhaltenstherapeuten. Finde heraus, welche Art von Terminplanung und zu welchen Preisen sie ihre Leistungen anbieten. Wenn dein Hund Pflege benötigt, kannst du dich auch über lokale Unternehmen informieren, die Erfahrung mit tauben Hunden haben.

Denke daran, dass du nicht für alle Eventualitäten planen kannst, aber je mehr du planst, desto selbstbewusster und kontrollierter wirst du dich wahrscheinlich fühlen. Die Vorbereitung ist eine großartige Möglichkeit, deinen Erfolg und den Erfolg deines tauben Hundes als neues Familienmitglied zu fördern.

# KAPITEL 5
# Dein Zuhause und dein tauber Hund

Sobald du dich dazu entschieden hast, einen tauben Hund zu adoptieren, solltest du als Nächstes sicherstellen, dass dein Zuhause für seine Ankunft bereit ist. Es wird natürlich Dinge geben, die dir erst auffallen, nachdem du deinen neuen Fellfreund nach Hause gebracht hast, aber vieles kannst du im Voraus vorbereiten, ohne zu viel Geld oder Zeit zu investieren.

Die Vorbereitung deines Zuhauses kann zu einem reibungsloseren Übergang beitragen und etwas von der Unsicherheit deines tauben Hundes nehmen. Kleine Veränderungen in deinem Zuhause können auch deinen neuen Hund schützen und das Verletzungsrisiko verringern. Außerdem kann vorausschauende Planung deinen Besitz schützen sowie Unordnung auf ein Minimum und kleinere Bereiche beschränken.

## In deinem Zuhause

Es braucht nicht viel Zeit, Mühe oder Energie, um dein Zuhause vorzubereiten. Es verringert jedoch das Risiko von Unfällen und Komplikationen. Wenn du im Inneren deines Zuhauses beginnst, kannst du dafür sorgen, dass dein Hund einen sicheren Ort zum Bleiben hat. Mit der richtigen Vorbereitung reduzierst du auch deinen Stress und die Angst davor, Dinge falsch zu machen.

**Profi-Tipp**
**Schutzgitter**

Sicherheit ist wichtig bei der Vorbereitung deines Zuhauses für einen tauben Hund. Viele Besitzer verwenden Treppengitter im Haus, um ihre Hunde auf sichere Bereiche zu beschränken, wo sie weniger gefährdet sind oder entkommen können. Für große Hunde, die über normale Gitter springen, gibt es extra hohe Hundegitter.

### Der Standort von Betten, Boxen, Spielzeug und Näpfen

Hunde kommen mit einigem Zubehör. Wenn du dieses an den richtigen Stellen platzierst, kann das deinem tauben Hund helfen, sich in seinem neuen Zuhause wohler und sicherer zu fühlen.

Du wirst die Box deines tauben Hundes wahrscheinlich an einem Ort aufstellen wollen, von dem aus er dich sehen

kann. Das hilft ihm, sich als Teil der Familie zu fühlen. Es kann auch beruhigend sein, wenn er dich zu Beginn des Boxentrainings im Blick hat. Viele Besitzer tauber Hunde finden es auch hilfreich, wenn ihr Hund sie beim Verlassen des Hauses beobachten kann. Dies kann die Wahrscheinlichkeit von Trennungsangst verringern.

Ich empfehle außerdem eine Boxenmatte oder ein bequemes Bett. Ich bewahre immer ein paar zusätzliche Komfortgegenstände wie weiche Spielzeuge und Handtücher in Natchez' Box auf. Sie können nützlich sein, wenn dein Hund gelangweilt ist oder vor dem Hinlegen buddeln möchte.

Eine Option, die du in Betracht ziehen könntest, ist Pheromonspray für die Box deines Hundes. Adaptil stellt beispielsweise Sprays her, die Pheromone nachahmen, wodurch dein Hund sich heimischer fühlt. Die beruhigenden Pheromone können deinem Hund helfen, sich in seiner neuen Box wohler zu fühlen.

Natchez' Box steht in meinem Wohnzimmer. Als ich ihn zum ersten Mal nach Hause brachte, stellte ich sie in ein Gästezimmer. Das war ein großer Fehler. Er heulte und heulte, kratzte, winselte und riss sogar ein

Loch in das Metallgehäuse. Dann zog ich ihn ins Wohnzimmer neben den Fernsehschrank um. Das half enorm. Er starrte mich an, während ich fernsah. Ich konnte ihm den Daumen hoch zeigen, lächeln und sogar hingehen, um ihn ein bisschen zu streicheln. Bald schlief er ein und schlief die ganze Nacht durch.

Schließlich stellte ich seine Box neben das Sofa, was bequemer war. (Neugierig auf das Boxentraining? Ich werde in Kapitel 7 darauf eingehen, wie du deinen tauben Hund an die Box gewöhnst.)

Du solltest einige Betten für deinen Hund im Haus verteilen. Diese Betten bieten deinem Hund nicht nur einen bequemen Platz zum Liegen, was schmerzende Gelenke und kahle Stellen reduziert, sondern sie ermutigen deinen tauben Hund auch zu mehr Selbstständigkeit. Ohne ein bequemes Bett wird dein Hund wahrscheinlich ständigen körperlichen Kontakt mit dir haben wollen.

Platziere Betten dort, wo dein tauber Hund dich sehen, sich aber auch bequem ausruhen kann. Du wirst vielleicht feststellen, dass Bereiche, die keiner direkten Luftströmung oder Durchzug ausgesetzt sind, deinem tauben Hund einen erholsameren Schlaf bieten. Das liegt mit daran, dass taube Hunde empfindlich auf Gerüche reagieren können, die durch Luftzüge und Temperaturänderungen transportiert werden.

Die meisten Hundebesitzer stellen die Futternäpfe ihrer Hunde in die Küche. Das funktioniert auch für taube Hunde gut. Die glatten Bodenflächen können einfach gereinigt werden, sollte dein Hund beim Fressen etwas verschütten oder Dreck machen. Ich empfehle auch eine Futtermatte unter den Näpfen, damit sie nicht verrutschen und um den größten Teil des daneben gegangenen Futters aufzufangen.

## Profi-Tipp
### Häng eine Glocke dran

Eine Glocke am Halsband hilft, deinen tauben Hund zu verfolgen, besonders wenn er aus Haus oder Garten entkommt! Da taube Hunde keine Kommandos hören, ist das Zurückrufen schwierig. Eine Glocke ist eine einfache Absicherung, um immer zu wissen, wo dein Hund ist

Achte darauf, die Näpfe deines Hundes abseits vom Fußverkehr zu platzieren. Einen tauben Hund beim Fressen zu erschrecken kann dazu führen, dass er sich verschluckt. Ruhig und entspannt zu sein fördert auch langsameres Fressen, was der Verdauung eines Hundes zugutekommt. Finde also einen Platz, der nicht im Weg ist, aber deinem tauben Hund erlaubt, seine Umgebung im Blick zu haben.

Es ist außerdem eine gute Idee, einige zusätzliche Wassernäpfe im Haus zu verteilen, um die Flüssigkeitsaufnahme zu fördern. Manchmal wird Natchez schüchtern beim Trinken, wenn sein Bruder auch durstig ist, also nimmt er einen Schluck Wasser aus seinem Napf im nahegelegenen Badezimmer. Ich habe auch bemerkt, dass er nicht gerne nach bestimmten Hunden trinkt – es könnte an seiner Geruchsempfindlichkeit liegen –, aber zusätzliche Wassernäpfe geben mir die Gewissheit, dass er ständig Zugang zu frischem Wasser hat, und sie können das Trinken aus der Toilette verhindern.

Dein tauber Hund wird es auch schätzen, wenn Spielzeug zur Verfügung steht. Bei der Adoption deines tauben Hundes solltest du eine Vielzahl von Spielzeugen bereitstellen. Sobald du mehr über den Spielstil und die Spielzeugpräferenzen deines Hundes erfährst, kannst du mehr von seinen bevorzugten Spielzeugen besorgen. Du wirst wahrscheinlich eine Spielzeugkiste benötigen, um alles aufzubewahren. Ein Korb oder eine Kiste, in die dein Hund hineingreifen kann, um ein Spielzeug auszuwählen, fördert seine Unabhängigkeit, gesunde Bewegung und geistige Anregung.

Die Spielzeugkiste deines Hundes sollte ihm von der Höhe her maximal bis zur Brust reichen. So kann dein Hund in die Kiste schauen und hineingreifen, um etwas auszuwählen. Stelle die Spielzeugkiste an einen zugänglichen Ort. Es ist eine gute Idee, mehrere Spielzeugkisten in den Räumen zu haben, in denen dein Hund die meiste Zeit verbringt.

## Ein sicheres Zuhause

Beginne mit der Vorbereitung deines Zuhauses für die Ankunft deines tauben Hundes, indem du elektrische Kabel, über die dein Hund stolpern oder die er aus Neugier anbeißen könnte, ausziehst oder umlegst. Die häufigsten Gefahren stellen Lampen-, Computer-, Fernseh- und Weckerkabel dar.

Sichere Lampen, freistehende Ventilatoren und Dekorationen, die umgestoßen oder zerbrochen werden könnten. Triff während der Feiertage besondere Vorsichtsmaßnahmen und sichere Dekorationen wie Weihnachtsbäume.

Stelle deine Zimmerpflanzen um. Manche Hunde finden Zimmerpflanzen unwiderstehlich, wenn es darum geht, an den Blättern zu knabbern, Erde zu fressen oder die Pflanze als Toilette zu benutzen. Wenn du sie nach oben und außer Reichweite stellst, schützt du sowohl deine Pflanzen als auch deinen Hund. Einige Zimmerpflanzen können für Hunde giftig sein, während andere, wie Kakteen, einen neugierigen Hund stechen und verletzen können.

Pflanzen, die für Hunde gefährlich sind, gibt es in allen Formen und Größen. Einige sind Zimmerpflanzen, während andere in deinem Garten lauern könnten. Hier sind einige Pflanzen, die du außerhalb der Reichweite deines tauben Hundes halten solltest:

**Sagopalme:** Diese sind für Hunde hochgiftig. Sagopalmfarne und Sagopalmen können Leberversagen bis hin zum Tod verursachen. Im Gegensatz zu einigen anderen Pflanzen ist jeder Teil des Sagopalmfarns giftig, und sie sind oft süß, was sie für manche Hunde verlockend machen kann.

**Kakteen:** Kakteen können deinen Hund nicht nur mit ihren scharfen Stacheln in die Nase, das Auge oder den Mund stechen, sondern ein Hund, der unglücklicherweise Kakteenpflanzen frisst, kann auch schwere Magenprobleme bekommen.

**Aloe:** Trotz seiner beruhigenden Eigenschaften für Menschen solltest du Aloe nicht bei deinem Hund anwenden oder deinen Hund Aloe oder den Saft daraus konsumieren lassen. Hunde, die Aloe zu sich nehmen, können laut dem Deutschen Tierschutzbund mit Erbrechen, Durchfall, Lethargie, Zittern und einer Depression des zentralen Nervensystems (ZNS) reagieren.

Andere, oft weniger verlockende, giftige Pflanzen sind:

- Weihnachtsstern
- Narzissen
- Chrysanthemen
- Tulpen
- Azalee
- Efeu
- Rizinus
- Tomatenpflanzen
- Oleander
- Amaryllis
- Stechpalmen
- Begonien
- Schleierkraut
- Seidenpflanze
- Gladiolen

Eine vollständige Liste aller Pflanzenarten, die für Hunde giftig sind, findest du auf der Website von Vetpharm, auch wenn diese nicht allzu übersichtlich: https://www.vetpharm.uzh.ch/giftdb/indexg.htm

Untersuche dein Zuhause und deinen Garten aus der Perspektive eines Hundes. Prüfe, welche Schränke ein Hund möglicherweise öffnen könnte. Verstaue Lebensmittel oder Reinigungschemikalien an unzugänglichen Orten. Achte darauf, den Toilettendeckel und die Badezimmertür zu schließen, falls dein tauber Hund beschließt, aus der Toilette zu trinken (dies verhindert, dass dein Hund Toilettenreiniger trinkt oder gefährliche Bakterien oder Viren aufnimmt). Du könntest sogar in Betracht ziehen, kindersichere Schlösser für Schränke mit Haushaltsreinigern oder Lebensmitteln zu verwenden, die deinem Hund schaden könnten.

Der Mülleimer kann für viele Hunde, besonders für taube Hunde mit einem ausgeprägten Geruchssinn, äußerst verlockend sein. Erwäge, Abfalleimer in Schränken und außerhalb der Reichweite seiner Pfoten aufzubewahren.

Überprüfe die Fliegengitter an deinen Fenstern. Stelle sicher, dass sich die Gitter nicht leicht herausdrücken lassen oder Risse haben, die dein Hund verschlimmern könnte. Wenn du deinen Hund gerade erst in dein Haus gebracht hast, dann halte Fenster ohne Fliegengitter geschlossen.

Wenn du besonders vorsichtig sein willst, kannst du vorübergehend die Knöpfe von deinem Herd entfernen. Dies verhindert, dass dein Hund versehentlich den Ofen oder einen Brenner einschalten kann. Während dies für kleine Rassen albern erscheint, können einige größere oder extrem agile Hunde so gut hüpfen und klettern wie Bergziegen.

## *Aufbewahrung von Leckerlis und Futter*

Möglicherweise wirst du feststellen, dass dein frisch adoptierter Hund (besonders wenn er aus dem Tierschutz kommt) einen unersättlichen Hunger hat. Überlege daher gut, wo und wie du Hundefutter und Leckerlis aufbewahrst.

Foto Von Joann Sesser

## Profi-Tipp
### Warn-Aufkleber

Aufkleber für taube Hunde halten deinen Hund sicher und entspannt in der Öffentlichkeit. Taube Hunde erschrecken leicht, besonders bei plötzlicher Annäherung oder von hinten. Tragbare Aufkleber zeigen Fremden, dass dein Hund taub ist und Vorsicht nötig ist. Manche Aufkleber enthalten auch den Hinweis, vor dem Streicheln zu fragen – wichtig für taube Hunde, die in fremden Situationen überreizt sein können. Diese Aufkleber können an Westen oder der Leine befestigt werden!

Im ersten Jahr, oder sogar länger, nach der Adoption von Natchez hat er alles in seiner Macht Stehende getan, um an sein Trockenfutter oder das meiner Katze zu gelangen. Nur die stärksten und sichersten Hundefutterbehälter konnten ihn in Schach halten. Wir benutzen einen, der für das australische Outback konzipiert ist, was gut funktioniert, aber er ist nicht der ansehnlichste Behälter.

Natchez ist zwar nie auf die Arbeitsplatte geklettert, aber viele Hunde werden es versuchen. Ich schlage vor, die Leckerlis deines Hundes an einem Ort aufzubewahren, der für deinen Hund außer Reichweite ist. Das könnte auf dem Kühlschrank oder oben in einem Schrank sein.

## Außerhalb des Hauses

Wenn du es dir leisten kannst, deinen Garten einzuzäunen, wirst du immense Beruhigung empfinden, weil du deinem tauben Hund einen sicheren Ort zum Spielen und Bewegen geben kannst. Wenn du einen Zaun hast, dann gehe die Zaunlinie ab, um sicherzustellen, dass es keine Lücken gibt, durch die dein Hund schlüpfen könnte. Diese Überprüfung sollte auch den unteren Teil des Zauns umfassen, wo viele Hunde sich durchdrücken oder darunter durchschlüpfen können.

Bewahre scharfe Gartengeräte und Gartenchemikalien außerhalb der Reichweite deines Hundes auf. Entferne alle Nagerfallen oder Gifte, die du ausgelegt hast.

Schaffe einen schattigen Bereich für deinen Hund, falls dein Garten keinen hat. Hunde können an Hitzschlag leiden, wenn sie keine Pause von der Sonne haben. Ein Strandschirm ist eine großartige temporäre oder längerfristige Schattenquelle.

Du wirst auch einen Wassernapf für den Garten benötigen. Stelle diesen Napf außerhalb der direkten Sonne auf, um das Wasser kühl zu halten.

Beaufsichtige deinen Hund immer, wenn er im Garten ist. Neugierige Hunde könnten an Pflanzen knabbern, die giftig sind. Die Beobachtung deines Hundes hilft auch bei der Fehlersuche, sollte ein gesundheitlicher Notfall auftreten. Wenn dein Hund zum Beispiel aufschreit und dann seine Pfote hochhält, kannst du den Bereich auf eine Gefahrenquelle überprüfen oder es auf einen Insektenstich eingrenzen.

Wenn du dein Gras kurz hältst, reduzierst du Schädlinge wie Grasmilben und Zecken, die deinen Hund belästigen können.

Während du dein Zuhause vorbereitest, solltest du auch alles besorgen, was du zur richtigen Pflege deines Hundes benötigst. Es ist einfacher, diese zur Hand zu haben, als bei Bedarf in den Laden zu laufen.

Einige grundlegende Dinge, die du benötigen wirst, sind:

- Bett und Bettwäsche (möglicherweise eine Boxenmatte oder ein Bett)
- Box
- Zusätzliche Handtücher und Lappen
- Futter
- Geschirr und/oder Halsband mit reflektierendem Material
- Leine
- Nagelknipser
- Fleckenentferner mit neutralisierenden Enzymen
- Mehrere Näpfe für Futter und Wasser
- Shampoo
- Spielzeug
- Leckerlis
- Leinenaufbewahrung/Gestell
- Spielzeugaufbewahrung
- Lappen und Handtücher zur Reinigung von Unfällen

Viele taube Hunde und Besitzer profitieren von folgenden Hilfsmitteln:

- Ein Handbuch für Deutsche Gebärdensprache
- Ein spezielles Kennzeichen für taube Hunde (wie einen Clicker)
- Ein Hundepuzzle
- Ein ID-Anhänger, der den Hund als taub identifiziert
- Ein Pheromondiffusor

- Ein Vibrationshalband
- Pheromonspray

Bereite dich darauf vor, verschüttete Flüssigkeiten und Unfälle zu beseitigen. Das passiert und gehört zum Hundebesitz dazu. Die Freude, einen tauben Hund zu besitzen, überwiegt den Zeitaufwand und den Ärger mit der Unordnung. Halte deinen Hund in einem begrenzten Bereich und gib ihm langsam mehr und mehr Freiheit, während du Vertrauen und Regeln aufbaust. Das wird helfen, Unordnung zu minimieren.

# KAPITEL 6
# Wo du einen tauben Hund adoptieren kannst

Deinen neuen besten Freund zu finden, kann etwas Zeit in Anspruch nehmen. Immerhin möchtest du dir sicher sein, dass du die richtige Entscheidung triffst. Taube Hunde in verschiedenen Tierheimen und Auffangstationen kennenzulernen kann dir dabei helfen, den perfekten tauben Hund für dich zu finden und dich gleichzeitig mit den charmanten Unterschieden zwischen hörenden und tauben Hunden vertraut zu machen.

Wo kannst du also einen adoptierbaren tauben Hund finden? Entscheide zunächst, wie weit du bereit bist zu reisen, um einen potenziellen Hund kennenzulernen, oder wie viel du bereit bist zu zahlen, um einen Hund zu dir nach Hause transportieren zu lassen. Wenn du dein Herz an eine bestimmte Rasse verloren hast, steigt nämlich die Wahrscheinlichkeit, dass Reise- und Transportkosten anfallen.

Viele örtliche Tierheime haben taube Hunde zur Vermittlung, aber es gibt auch auf taube Hunde spezialisierte Tierschutzorganisationen und Webseiten, die deutschlandweit vermitteln.

Ich empfehle, die Suche in deinem örtlichen Tierheim zu beginnen, wenn du Hunde persönlich kennenlernen und dich mit dem Adoptionsprozess vor Ort vertraut machen möchtest. Viele Tierheime haben Vermittlungsberater, die dir Hunde zeigen, welche gut zu deinem Zuhause und deinem Lebensstil passen könnten. Sie können dich auch auf eine Warteliste setzen oder dich anrufen, sobald sie einen tauben Hund bekommen, der eine neue Familie sucht.

## Portalen zur Eingrenzung deiner Suche

Du kannst Plattformen wie Petfinder24, die Tiervermittlung oder Tasso nutzen, um die zur Adoption verfügbaren Hunde zu durchsuchen und etwas über ihre Persönlichkeit, ihren Hintergrund und ihre Ausbildung zu erfahren. Diese Plattformen ermöglichen es Tierheimen, Tierschutzorganisationen und Privatpersonen, Hunde in ihrer Datenbank zu veröffentlichen. Züchtern ist es jedoch oft nicht gestattet, Tiere zum Verkauf anzubieten.

Um auf solchen Plattformen nach einem tauben Hund zu suchen, gibst du meistens einfach deine Postleitzahl und die Entfernung ein, die du zu einem potenziellen Kandidaten reisen möchtest. Dann kannst du deine Ergebnisse filtern, indem du „Besondere Bedürfnisse" oder „Handicap" auswählst. Dies zeigt Hunde an, die angeboren taub sind oder im Laufe ihres Lebens einen Hörverlust erlitten haben. Von dort aus kannst du auch nach Rasse eingrenzen. Beachte jedoch, dass einige Tierheime ihre tauben Hunde nicht als Hunde mit besonderen Bedürfnissen kennzeichnen.

Nachdem du einige Zeit auf diesen Plattformen verbracht hast, wirst du einige Tierheime in der Nähe ausfindig gemacht haben. Du kannst auch immer deren eigene Webseiten überprüfen, da einige Tierschutzorganisationen nicht alle neuen Hunde auf diese Portale stellen.

# Adoptivhunden auf spezialisierten Webseiten

In Deutschland gibt es mehrere Organisationen, die sich für taube Hunde einsetzen. Es sind gemeinnützige Vereine, die taube Hunde retten und vermitteln. Sie bieten auch Informationen für Halter tauber Hunde und andere Interessierte.

Es gibt spezielle Webseiten, die sich auf die Vermittlung von Hunden mit Handicap spezialisiert haben. Erfolgsversprechend sind spezialisierte Facebook-Gruppen, in denen du unendliche Vermittlungsposts zu tauben Hunden findest, die in ganz Deutschland ein liebevolles Zuhause suchen. Du kannst nach deiner geografischen Region filtern, was es einfach macht, deinen potenziellen Adoptivhund kennenzulernen und einem lokalen Hund zu helfen. Wenn du dich nicht sofort Hals über Kopf in einen lokalen tauben Hund verliebst, kannst du deine Suche erweitern. Diese Plattformen ermöglichen es Tierschutzorganisationen, verfügbare Hunde auf ihren Webseiten zu veröffentlichen, wenn sie selbst keine Hunde beherbergen oder aufnehmen können.

# Tierschutzorganisationen für taube Hunde und rassenspezifische Rettungsorganisationen

Einige Tierschutzorganisationen konzentrieren sich auf bestimmte Rassen. Wenn diese Rassen hohe Raten angeborener Taubheit aufweisen, nehmen sie oft auch taube Hunde dieser Rasse auf. Es gibt auch einige Organisationen, die nur taube Hunde einer bestimmten Rasse aufnehmen. Eine der einfachsten Möglichkeiten, diese Hunde zu finden, ist die Verwendung einer Suchmaschine und die Eingabe von „tauber [Rasse] Adoption" oder „[Rasse] taub Vermittlung".

Einige seriöse und bekannte Anlaufstellen für taube Hunde in Deutschland sind unten aufgeführt.

- Deutscher Tierschutzbund (mit regionalen Tierheimen)
  https://www.tierschutzbund.de

- Shelta – Vermittlungsportal von TASSO e.V.
  https://shelta.tasso.net

- Handicap-Hunde e.V. (Spezialisiert auf Hunde mit Behinderungen)
  https://www.handicap-hunde.com/

- Hunde in Not e.V. (Vermittlung von Hunden mit besonderen Bedürfnissen)
  https://www.hunde-in-not.com

- Doggenhilfe e.V. (Vermittlung von Deutschen Doggen)
  https://doggenhilfe.com

- Tierschutzverein Hoffnung für Tiere e.V. (Hunde mit besonderen Bedürfnissen)
  https://tierhoffnung.de

- Pfotenhilfe-Ungarn e.V. (Vermittlung von Hunden mit Handicap)
  https://www.pfotenhilfe-ungarn.de

- Hundepfoten in Not e.V. (Vermittlung von Hunden mit besonderen Bedürfnissen)
  https://www.hundepfoten-in-not.de

- Tierhilfe Hoffnung e.V. (Vermittlung von Hunden mit Handicap)
  https://www.tierhilfe-hoffnung.com

- Tierheim Berlin (größtes Tierheim Europas, nimmt auch Hunde mit Behinderungen auf)
  https://tierschutz-berlin.de

- Taube Hunde in Not – Vermittlungshilfe (Facebook Gruppe)
  https://www.facebook.com/groups/258951217554296/

# Schutzgebühren

Schutzgebühren können von unter 100 € bis etwa 400 € reichen. Während diese Kosten für einen Hund, den „jemand nicht wollte" auf den ersten Blick hoch erscheinen mögen, sollte man bedenken, dass die Schutzgebühren die vollständige Versorgung deines adoptierten Hundes während seines Aufenthalts im Tierheim sowie die Kosten für den Betrieb des Tierheims abdecken. Wenn du tierärztliche Versorgung, Impfungen, Entwurmung, Mikrochip, Futter und das Personal für die Betreuung eines Hundes

Foto Von
Whitney Machnik

**FUNFACT**
**Deaf Dogs Rock**

Deaf Dogs Rock ist eine gemeinnützige Organisation aus Virginia, die landesweit taube Hunde fördert. Die Website bietet eine Suchseite für taube Hunde zur Adoption in den USA. Hunderte dort gelisteter tauber Hunde haben bereits ihr Für-immer-Zuhause gefunden. Da diese Anzeigen nicht tierärztlich überwacht werden, ist Vorsicht und sorgfältige Prüfung wichtig. Mehr unter www.deafdogsrock.com.

berücksichtigst, erscheinen die Schutzgebühren plötzlich nicht mehr so hoch. Oft werden diese Gebühren gleichmäßig auf alle Tiere verteilt, die ins Tierheim kommen, was bedeutet, dass deine Schutzgebühr einem guten Zweck dient.

Viele Menschen fragen sich, warum die Kosten zwischen den Tierheimen variieren. Verschiedene Tierschutzorganisationen haben unterschiedliche Kosten und nehmen eine breite Palette an Fällen an. Es ist wichtig zu bedenken, dass Organisationen, die schwer zu vermittelnde Hunde aufnehmen, davon ausgehen, dass sie sich über längere Zeiträume um die aufgenommenen Hunde kümmern müssen. Dies kann zu höheren Kosten führen. Einige Organisationen haben höhere Schutzgebühren für Adoptierende aus anderen Bundesländern, da jemand, der bereit ist zu reisen, oft auch bereit ist, mehr zu zahlen.

Obwohl ich niemals empfehlen würde, einen Hund aufgrund der Höhe der Schutzgebühr auszuwählen, gibt es Adoptionsveranstaltungen und -tage, an denen eine reduzierte oder erlassene Schutzgebühr angeboten wird. Es gibt auch spezielle Veranstaltungen, bei denen Schutzgebühren von Unternehmen gesponsert werden. Natchez hätte mich 150 € bei der Adoption gekostet, aber als ich die Adoption bestätigte, schlug die Vermittlungsberaterin vor, ich solle ein paar Tage warten, um ihn offiziell am Freitag nach dem Martinstag zu adoptieren, da ein lokales Unternehmen alle Schutzgebühren übernahm. Ich dachte mir, ich könnte die Ersparnis nutzen, um in bessere Hundeausrüstung für meinen neuen besten Freund zu investieren.

## Wie du erkennst, ob ein Tierheim seriös ist

Nicht alle Tierschutzorganisationen und Tierheime sind gleich. Während die Rettung eines Hundes aus einem schlecht geführten Tierheim den Hund aus dieser Situation befreien kann, solltest du bedenken, dass deine Schutzgebühren dazu beitragen könnten, dass ein schlechtes Tierheim geöffnet bleibt. Außerdem musst du wissen, worauf du dich einlässt.

Eine schlechte Tierschutzorganisation sozialisiert ihre Hunde möglicher-weise nicht angemessen, bietet ihnen keine ausreichende medizinische Versorgung, überprüft oder testet adoptierbare Hunde nicht auf Aggression oder Schlimmeres.

Seriöse Tierschutzorganisationen folgen einem anerkannten Pflegestan-dard. Die traurige Realität ist, dass die Bundesregierung Tierschutzorgani-sationen nicht reguliert, obwohl einige Bundesländer dies tun. Die meisten guten Tierheime verpflichten sich freiwillig, die Pflege beispielsweise nach den Richtlinien für Tierschutzstandards in Tierheimen anzupassen. Viele größere Tierheime veröffentlichen diese Informationen auf ihrer Website. Wenn du dir unsicher bist, kannst du auch nachfragen.

Eine gute Tierschutzorganisation wird auch ihre Einrichtungen und die Unterkünfte der Hunde sauber halten. Ehrlich gesagt riechen viele Tierheime nicht besonders gut, aber es sollte Anzeichen von regelmäßiger Reinigung geben. Getrockneter Kot ist ein schlechtes Zeichen. Ein leichter Abfallgeruch unter dem Geruch von Bleich-mittel ist in Ordnung.

Die Hunde im Tierheim soll-ten gut versorgt sein. Sie sollten auch bereit für die Adoption sein. Ein schlechtes Tierheim könnte versuchen, einen Hund zu vermitteln, der zu dünn oder nicht richtig sozialisiert ist. Wenn ein Hund sich duckt oder vor dir wegläuft, ist er wahr-scheinlich noch nicht bereit, Teil deiner Familie zu sein. Wenn ein Hund seine Zähne zeigt, sobald du dich näherst, fühlt er

## FUNFACT
### Warum sind taube Hunde oft weiß?

Taube Hunde haben oft weißes Fell, weil Zellen für Fellfarbe und Hörvermögen aus derselben Stammzellquelle stam-men. Fehlt diese Stammzelle, entwickeln sich weder Hörzellen noch Pigmentzellen im Fell. Natürlich sind nicht alle weißen Hunde taub und nicht alle tauben Hunde weiß!

sich wahrscheinlich noch nicht wohl bei Menschen. Manchmal sind Hunde bereit für die Adoption, benötigen aber in absehbarer Zeit zusätzliche tierärzt-liche Versorgung. Die meisten Tierheime übernehmen notwendige Eingriffe wie Herzwurmbehandlung und Kastration/Sterilisation.

Hunde sollten auch mehrmals täglich Auslauf bekommen und genügend Platz in ihren Zwingern haben. Wenn ein Tierheim dir nicht erlaubt, die Hunde zu sehen, obwohl sie vor Ort sind, verbergen sie möglicherweise, wie sie ihre Hunde unterbringen.

Am wichtigsten ist: Denk daran, dass du das Recht hast, einen Hund nicht zu adoptieren oder ein Tierheim zu verlassen, von dem du vermutest, dass es sich nicht angemessen um seine Hunde kümmert. Manchmal versuchen Tier-schutzorganisationen, dir einen Hund anzudrehen, der schon zu lange bei ihnen ist. Wenn die Verbindung nicht da ist oder der Hund nicht zu deinen Umständen passt, dann ist es in Ordnung, wegzugehen.

# Fragen, die du vor der Adoption stellen solltest

Die Adoption eines neuen Hundes ist eine große Verpflichtung. Du möch-test vollständig informiert sein, bevor du unterschreibst und versprichst, deinen Hund für den Rest seines Lebens zu behalten. Die folgenden Fragen könnten für dich Ausschlusskriterien sein, aber sie werden dir helfen, zu verstehen, worauf du dich einlässt.

So viel wie möglich über die Geschichte eines tauben Hundes herauszu-finden, kann dir viel darüber sagen, was dich erwartet. Beim Kennenlernen potenzieller Hunde möchtest du vielleicht den Vermittlungsberater oder das Tierheim Folgendes fragen:

- Wurde dieser Hund abgegeben oder war er ein Streuner?
- Gibt es Informationen, die Sie uns über den Hintergrund dieses Hundes geben können?
- Kam dieser Hund mit anderen gesundheitlichen Problemen außer Taubheit ins Tierheim?
- Ist die Taubheit dieses Hundes angeboren oder erworben?
- Hat dieser Hund Hunger oder Unterernährung erlebt?
- Wie gut war dieser Hund sozialisiert und welche Arbeit haben Sie geleistet, um ihm/ihr zu helfen?
- Hat dieser Hund irgendwelche Ernährungseinschränkungen?
- Hat dieser Hund Anzeichen möglicher Misshandlung gezeigt?

## Verhalten um Kinder, Katzen und andere Hunde

Dein aktuelles und zukünftiges Familienleben stellt auch einen Faktor dar, der beachtet werden muss. Stelle sicher, dass du alle Fragen stellst, die zutreffen könnten:

- Versteht sich dieser Hund gut mit anderen Hunden aller Größen?
- Wird dieser Hund gerne mit unserem aktuellen Hund spielen?
- Scheint dieser Hund einen hohen Jagdtrieb zu haben?
- Wurde dieser Hund auf Verträglichkeit mit Katzen getestet?
- Kann dieser Hund in einem Haushalt mit Kindern leben?
- Was ist die Politik Ihrer Organisation, wenn dieser Hund sich nicht gut mit meinem vorhandenen Haustier/meinen Kindern versteht?

## Vorhandene Ausbildung oder Problemverhalten

- Ist dieser Hund stubenrein?
- Kennt dieser Hund irgendwelche Tricks?
- Hat dieser Hund Zeichensprache gelernt?
- Ist dieser Hund an der Leine ausgebildet?
- Wie ist das Energieniveau dieses Hundes?
- Wurde dieser Hund auf Futter- und Spielzeugaggression getestet?
- Zeigt dieser Hund destruktives Verhalten?

- Zeigt dieser Hund Trennungsangst?

- Gibt es etwas, das ich über diesen Hund wissen sollte, das mir helfen kann, eine fundierte Entscheidung über seine Adoption zu treffen?

Besprich es mit deiner Familie und entscheide, welche dieser Fragen am wichtigsten sind und was deine Prioritäten bezüglich deines neuen Adoptivhundes sind. Es gibt keinen perfekten Hund, aber es ist vernünftig, im Vorfeld zu wissen, welche Art von Arbeit du möglicherweise investieren musst, damit du und dein Hund alle Herausforderungen überwinden können. Denk daran: Die Liebe eines Hundes ist jede Mühe wert.

Dein Hund ist wichtiger als das Tierheim, aus dem er kam, aber du möchtest sicherstellen, dass dein Hund bereit ist, ein Teil deiner Familie zu sein.

# KAPITEL 7

# Training und Kommunikation mit einem tauben Hund

Kommunikation ist der Schlüssel zum Erfolg in Beziehungen. Das gilt auch für deine Beziehung und deinen Erfolg als Besitzer eines tauben Hundes. Je mehr du an eurer Kommunikation arbeitest und je besser du deine Erwartungen an deinen tauben Hund vermittelst, desto einfacher wird das Leben für euch beide.

Wie ich bereits erwähnt habe, sind taube Hunde besonders auf ihre anderen Sinne angewiesen. Durch ihr geschärftes Sehen reagieren sie stärker auf Sichtreize und visuelle Signale. Ein verfeinerter Geruchssinn kann die Anziehungskraft von Leckerlis noch intensiver machen.

Ohne die Fähigkeit des Hörens ist das Training deines tauben Hundes umso wichtiger. Training fördert Sicherheit, Selbstvertrauen und eine stärkere Bindung zwischen Mensch und Hund.

Du wirst sehen, dass es viele Ansätze für das Training eines tauben Hundes gibt. Möglicherweise musst du unterschiedliche ausprobieren, bevor du herausfindest, welcher für deine taube Fellnase am besten geeignet ist. Es ist auch wahrscheinlich, dass du je nach Situation verschiedene Ansätze kombinieren möchtest.

Denk bei der Arbeit mit deinem Hund daran, dass Geduld und Konsequenz zu besseren Ergebnissen führen. Ein professioneller Trainer oder Verhaltensberater kann eine großartige Hilfe sein, wenn es darum geht, zu verstehen, was für deinen Hund am besten funktioniert und um sicherzustellen, dass du die Techniken richtig anwendest.

Fast alle Besitzer tauber Hunde trainieren mit

**FUNFACT**

**Erstes Paar tauber Therapiehunde**

Olaf und Skylar, zwei taube Shelties, sind laut Besitzerin Robin Kashuba die ersten zertifizierten tauben Therapiehunde. Die sanften Hunde wurden im Dezember 2015 von Therapy Dog International zertifiziert und bringen gemeinsam allen Freude. Kashuba veröffentlichte 2017 „Redemption Has 4 Paws" über ihre Erfahrungen mit hörbehinderten Rettungshunden und wie diese ihr Leben veränderten.

Gebärden. Die meisten Trainer empfehlen, dass auch hörende Hunde Handzeichen begleitend zu verbalen Kommandos lernen. Dies ermöglicht eine nahtlosere Kommunikation. Mein tauber Hund kennt etwa 20 Zeichen. Einige davon bezeichne ich als „Powerkommandos", während andere typische Hundetricks wie „Pfötchen geben" oder „im Kreis drehen" sind.

Mein hörender Hund reagiert ebenfalls auf Handzeichen. Während der Trainingseinheiten beobachten beide Hunde sich gegenseitig und können dadurch voneinander lernen. Dies hilft, die Bedeutung der Handzeichen für beide Hunde zu verstärken. Ich fordere sie sogar heraus, indem ich das Leckerli demjenigen Hund gebe, der das Kommando zuerst richtig ausführt. Natchez gewinnt oft.

Kommandos zu lernen und zu kommunizieren ist entscheidend für das Selbstvertrauen deines tauben Hundes und seine Integration in dein Zuhause. Wie sonst soll er Regeln lernen und stolz auf sich sein?

Als ich Natchez adoptierte, war er überaus wild. Er wusste nicht, was er tun und lassen sollte. Er sprang auf Beistelltische und auf Fremde, verschlang jedes Essen, das ich zufällig abstellte. Außerdem stolperte er versehentlich über die Katze, was zu einigen Kratzern an seiner Nase führte.

Nachdem er das Zeichen für „Sitz" und mehrere andere Zeichen gelernt hatte, verbesserte sich Natchez' Verhalten erheblich. Es war, als hätte ihn der Mangel an Ordnung und Kommunikation vor dem Gebärdentraining ziellos ungezogen gemacht. Zu lernen, dass es Regeln gibt und ein System, diese Regeln zu kommunizieren, gab ihm mehr Selbstvertrauen und ein besseres Verständnis seiner Rolle. Ihm das „Zeigen"-Kommando beizubringen, um seine Blickrichtung dorthin zu lenken, wo sich die Katze versteckte, verhinderte auch viele unnötige Kratzer.

Taube Hunde brauchen wie andere Hunde auch Struktur. Handzeichen sind ein wesentlicher Teil dieser Struktur. Sobald dein Hund die Grundlagen gelernt hat, kannst du darauf aufbauen.

# DGS oder Hundetraining-Handzeichen

Eine der ersten Entscheidungen beim Training eines tauben Hundes ist, ob du übliche Hundetraining-Signale oder Deutsche Gebärdensprache (DGS) verwenden möchtest. Was ist das Beste für deinen Hund?

Die meisten tauben Hunde profitieren von DGS, da es mehr Zeichen zur Verfügung stellt. Da DGS ein etabliertes Kommunikationssystem ist, können Personen, die DGS beherrschen, mit deinem tauben Hund kommunizieren, ohne eine neue Sprache lernen zu müssen.

Ein Nachteil von DGS ist, dass die Zeichen oft kleiner sind und subtilere Unterschiede zwischen ihnen bestehen können. Aus offensichtlichen Gründen muss das Zeichen für „Komm her" deines tauben Hundes groß und deutlich genug sein, damit dein Hund es aus der Ferne sehen kann. Ein weiterer Nachteil ist, dass Zeichen, die beide Hände erfordern, es schwierig machen können, gleichzeitig ein Leckerli zu halten. Viele Hundebesitzer (ob ihr Hund hören kann oder nicht) stoßen auch auf dieses Problem, wenn sie gleichzeitig eine Leine halten.

Wenn du einen hörenden Hund hast, der bereits mit üblichen Hundetraining-Handzeichen trainiert wurde, ist es vielleicht besser, bei diesen zu bleiben, da du deinen hörenden Hund möglicherweise verwirrst, wenn Kommandos plötzlich zwei verschiedene Signale haben. Natürlich lernen einige taube Hunde Kommandos bereits im Tierheim oder bevor sie aus einem Wurf adoptiert werden. Diese Hunde werden häufig mit typischen Hundetraining-Handzeichen unterrichtet.

Ich empfehle normalerweise eine Mischung aus überwiegend DGS mit einigen Anpassungen, die aus der Ferne oder für Hunde, die nicht gut sehen können, besser funktionieren. Die meisten DGS-Signale sind intuitiv zu erlernen.

Für Natchez sind die DGS-Zeichen oft leichter zu verstehen, da viele typische Hundetraining-Handzeichen zu verschwimmen scheinen, wenn die verbale Begleitung nicht gehört werden kann. Zum Beispiel besteht das typische Hundekommando für „Sitz" darin, ein Leckerli zwischen Daumen und Zeigefinger zu halten, wobei der Handrücken zum Hund zeigt. Viele Leute sagen dann „Sitz", während sie diese Hand über den Kopf des Hundes bewegen, um den Hund zu ermutigen, sein Hinterteil zu senken. Aber durch die Augen eines tauben Hundes erscheint diese Handbewegung unspezifisch. Außerdem möchte der Hund, wenn sich die Hand seinem Kopf nähert, oft zurückweichen, um den Blick auf deine Hand zu behalten, da er dich nur mit Blick zur Hand verstehen kann.

Es ist daher wichtig zu bedenken, dass gebärdentrainierte taube Hunde auf deine Hände achten, um Botschaften zu erhalten. Wenn du wie ein Mafiaboss gestikulierst, könnte dein Hund frustriert und verwirrt sein, weil du ständig das „Sitz"-Zeichen machst, ohne sein Verhalten zu würdigen oder zu belohnen. Da das DGS-Zeichen für „Sitz" so einzigartig ist, wiederhole ich das Signal nicht versehentlich während Gesprächen mit Freunden und Familie.

Am wichtigsten ist, dass deine Trainingsmethode die Bedürfnisse deines Hundes widerspiegelt und für euch beide am besten funktioniert.

# Taube Hunde und deine Körpersprache

Taube Hunde beobachten ihre Besitzer oft genau. Durch deine Körpersprache, Gesichtsausdrücke und Handlungen vermittelst du deinem tauben Hund eine Vielzahl von Botschaften. Dies kann dazu führen, dass er die unheimliche Fähigkeit entwickelt, vorherzusagen, was du tun oder sagen wirst.

Während du deinen tauben Hund mit Gebärden trainierst, bedenke, dass er hauptsächlich auf deine Hände achtet, aber auch deinen Mund, dein Gesicht und deine Haltung beobachtet. Wenn du Kommandos gebärdest, wirst du wahrscheinlich auch das Kommando aussprechen wollen. Außerdem solltest du den Erfolg deines Hundes durch deine Gesichtsausdrücke, Körperhaltung und mit einem „Braver Hund"-Zeichen feiern.

Wenn dein tauber Hund sich daneben benimmt, solltest du deine Missbilligung mit deiner Körpersprache und deinem Gesichtsausdruck zeigen. Wenn Natchez anfängt, Unfug zu machen, stehe ich oft mit den Händen in den Hüften da, schüttle den Kopf und runzle die Stirn. Wenn seine Handlung unmittelbarer ist, schnipse ich mit dem Finger in einer „Nein-nein"-Geste.

Für taube Hunde, die ängstlich oder reaktiv sind, wird dein Körper zu einem Werkzeug, um ihnen zu zeigen, dass du alles unter Kontrolle hast und dass sie sicher sind.

**FUNFACT**
**Cole, der taube Hund**

Der entzückende taube Pitbull Cole verbreitet als lokaler Therapiehund Liebe und Hoffnung in seiner Gemeinde in New Jersey. Besitzer Chris, ein Grundschulmusiklehrer, bringt Cole in seine Schule, um Schülern Mitgefühl für Menschen und Tiere mit Behinderungen zu vermitteln. Chris und Cole haben ihre Botschaft der Inklusion sogar in der Rachel Ray Show, bei GMA, Entertainment Tonight und Access Hollywood verbreitet! Cole hat jetzt einen YouTube-Kanal, wo er Gute-Nacht-Geschichten „vorliest", und einen Instagram-Account (@colethedeafdog) mit 4000 Followern, die seine zahlreichen Gemeinde-Auftritte verfolgen.

Wenn Natchez und ich spazieren gehen, stelle ich mich zwischen ihn und andere Hunde oder Menschen. Das zeigt ihm, dass er geschützt ist.

Bald wirst du feststellen, dass deine Kommunikation mit deinem tauben Hund ganz natürlich kommt. Wie bei allen Hunden lernt ihr, einander zu lesen. Du wirst kurz nach Beginn des Gebärdentrainings bemerken, dass dein tauber Hund deine Hände beobachtet und auf ein Kommando wartet.

# Training eines tauben Hundes

Um mit dem Training deines tauben Hundes zu beginnen, musst du zunächst ein Verständnis für die Motivation und den Lernstil deines Hundes haben. Wenn dein tauber Hund stark futtermotiviert ist, dann herzlichen Glückwunsch: Deine Trainingseinheiten werden viel reibungsloser verlaufen. Für Hunde, die nicht stark futtermotiviert sind, solltest du in hochwertigere Leckerlis investieren oder herausfinden, ob dein Hund eine andere Belohnung hat, die funktionieren könnte.

Bei hochwertigen Leckerlis versuche, solche mit einem intensiven Geruch zu wählen. Trainingssnacks mit Fisch funktionieren oft gut. Erdnussbutter auf einem Löffel lässt auch einen unmotivierten Hund sofort aufmerksam werden. Ich empfehle, diese Belohnungen nur während des Trainings zu verwenden, um ihren Wert zu steigern.

Hunde, die kein Interesse an Leckerlis zu haben scheinen, können manchmal stattdessen durch ein hochwertiges Spielzeug motiviert werden. Wenn du ein Spielzeug als Belohnung verwendest, gibst du dem Hund das Spielzeug, wenn das Kommando korrekt ausgeführt wurde. Lass ihn etwa 15 Sekunden lang das Spielzeug genießen, bevor du es zurückholst.

Belohne deinen Hund auch für erfolgreiche Trainingseinheiten. Nach dem Sitzen und Befolgen von Kommandos wird dein Hund einen Spaziergang oder etwas leinenfreie Zeit im Garten zu schätzen wissen. Mit der Zeit wird dies deinem tauben Hund helfen, am Training teilnehmen zu wollen.

## Eine erfolgreiche Trainingsroutine beginnen

Das Training eines tauben Hundes ist nicht schwieriger als das Training eines hörenden Hundes. Der einzige Unterschied ist deine Kommunikationsweise und die Notwendigkeit, die einzigartigen Bedürfnisse deines Hundes zu berücksichtigen.

Ich arbeite seit über fünf Jahren mit Natchez. Ich genieße es immer noch, ihn zu trainieren, und auch er liebt Trainingseinheiten nach wie vor. Wir haben auf unserem Weg mit verschiedenen Verhaltensberatern und Trainern zusammengearbeitet. Dabei habe ich viele Fehler gemacht, besonders zu Beginn des Trainings mit Natchez. Wenn du dir Sorgen machst, dass du nicht über die Fähigkeiten verfügst, einen tauben Hund zu trainieren, dann kann ich dich beruhigen: Alles, was du brauchst, ist Zeit und Engagement. Wie unser aktueller Trainer gerne sagt: „Keine Sorge. Du kannst sie nicht wirklich kaputtmachen."

In diesem Abschnitt habe ich zusammengestellt, was für meinen Hund am besten funktioniert hat, was andere Besitzer tauber Hunde als nützlich empfunden haben und was ich von mehreren Tierärzten und Trainern gelernt habe. Nicht alle tauben Hunde sind gleich, aber diese Ratschläge sollten für viele gut funktionieren.

Eine Frage, die oft auftaucht, ist: „Sollte ich positive oder negative Verstärkung verwenden, um meinen tauben Hund zu trainieren?" In diesem Buch bezieht sich positive Verstärkung darauf, den Hund zu belohnen, wenn das gewünschte Verhalten gezeigt wird. Negative Verstärkung bedeutet, deinen Hund zu disziplinieren, wenn ein unerwünschtes Verhalten gezeigt wird. Disziplin bedeutet nicht, körperliche Gewalt oder Bestrafung anzuwenden. Im Fall deines tauben Hundes bedeutet Disziplin, ihm ein Zeichen für „Nein" zu geben und einzugreifen, um das unerwünschte Verhalten zu stoppen.

Um diese Frage zu beantworten, würde ich zunächst empfehlen, deinen tauben Hund niemals zu schlagen. Da taube Hunde so berührungsempfindlich und leicht zu erschrecken sind, kann dies katastrophale Auswirkungen auf das Vertrauen und die Nerven deines Hundes haben. Es kann auch zu Verwirrung führen, wenn du beginnst, deinen tauben Hund anzutippen, um seine Aufmerksamkeit zu erlangen.

Ich glaube auch nicht, dass eine 100%ige positive Verstärkung im Training möglich ist. Du solltest 100 % positive Verstärkung für Kommandos verwenden, aber wenn dein Hund sich danebenbenimmt, ein Buch zerkaut oder auf die Arbeitsplatte springt, kommt positive Verstärkung nicht zum Einsatz. Das Buch wegzunehmen oder deinen Hund aus der Küche zu entfernen, ist technisch gesehen negative Verstärkung. Wenn du deinen tauben Hund vom Bellen abgewöhnen möchtest, kannst du unter Anleitung eines qualifizierten Trainers Leinenzüge oder ein Stachelhalsband verwenden.

Du solltest dich auf positive, leckerlibasierte (oder belohnungsbasierte) Techniken verlassen, um deinem Hund beizubringen, was du möchtest und welche Verhaltensweisen er zeigen sollte. Wenn dein Hund sich daneben benimmt, solltest du das schlechte Verhalten stoppen und ihn zu einem positiven Verhalten umleiten.

Halte Trainingseinheiten möglichst ablenkungsfrei, besonders wenn du gerade erst mit dem Training deines Hundes beginnst. Bei tauben Hunden kannst du dies erreichen, indem du einen Raum in deinem Haus wählst, der nicht viel Durchgangsverkehr hat. Schließe die Vorhänge oder Jalousien und schalte den Fernseher aus. Wenn du einen Deckenventilator hast, solltest du ihn ebenfalls ausschalten. Nur für den Fall.

Wähle einen Raum, in dem dein Hund Platz hat, sich zu bewegen. Stelle eine Schüssel mit Wasser in den Raum. Leckerlis können deinen Hund ziemlich durstig machen.

Ich empfehle dringend, mit einer Gürteltasche mit Leckerlis zu beginnen. Das befreit deine Hände. Ich benutze eine Tasche, die um meine Hüften klemmt. Mit der Zeit kann diese Tasche deinem Hund signalisieren, dass es Zeit zum Lernen ist. Wenn ich meine Tasche anlege, weiß Natchez, dass es Zeit ist, anzufangen. Er verehrt diese Tasche praktisch und ist immer äußerst aufmerksam und benimmt sich bestens, wenn sie herauskommt.

Ich finde es einfacher, mit meiner dominanten Hand zu signalisieren und mit der anderen zu belohnen. Dies verhindert, dass dein Hund nach deiner signalisierenden Hand schnappt, wenn du ihm Kommandos wie „Pfote" oder „Platz" beibringst. Es macht ihm auch deutlich bewusst, dass er auf das richtige Signal warten muss, bevor er seine Belohnung bekommen kann. Dies ist ein Muss, wenn dein tauber Hund lernt, mehrere Kommandos hintereinander auszuführen.

Du möchtest, dass dein tauber Hund weiß, dass du Belohnungen für das Training anbietest. Lass deinen tauben Hund ein Leckerli in deiner Hand

Foto Von
Julia Philp

riechen und erlaube ihm, ein oder zwei von dir zu nehmen. Mache dasselbe, wenn du eine alternative Belohnung wie ein Spielzeug verwendest.

Wenn du mehrere Hunde besitzt, dann bringe jedem Hund neue Tricks und Verhaltensweisen einzeln und separat bei. Dies ermöglicht es ihnen, ihre volle Aufmerksamkeit auf dich zu richten. Nach ein oder zwei Einheiten kannst du sie das Verhalten gemeinsam ausführen lassen. Wenn ein Hund das Verhalten bereits kennt und konsequent ausführt, kannst du ihn dazuholen, um ein Beispiel für deinen tauben Hund zu sein, der das Kommando lernt.

Einige Trainingseinheiten können ziemlich anstrengend sein. Zu lernen, sich hinzusetzen, sich dann hinzulegen und dann wieder aufzustehen, kann sich für deinen Hund wie Liegestütze anfühlen. Behalte das im Hinterkopf und überfordere ihn nicht in der ersten Einheit, in der er körperbetonte Kommandos wie diese lernt.

Erlaube deinem Hund, während des Trainings Pausen zu machen. Wenn du bemerkst, dass dein Hund zunehmend ungeduldiger wird oder Schwierigkeiten hat, aufmerksam zu bleiben, mache eine Pause. Achte auf Anzeichen von Stress oder Frustration. Natchez wird winseln, wenn er sich überfordert oder frustriert fühlt. Ich dränge ihn in solchen Zeiten nicht zu sehr. Wir machen eine Pause und führen das Training später weiter. Du kannst auch zu einem Kommando zurückkehren, das dein Hund wirklich gut beherrscht, um ihm zu helfen, sich besser zu fühlen. Trainingseinheiten funktionieren gut in Abschnitten von etwa zehn bis fünfzehn Minuten. Welpen brauchen möglicherweise kürzere Einheiten.

Während dein Hund sich in der Phase befindet, ein neues Verhalten oder Kommando zu lernen, ist es ratsam, tägliche Trainingseinheiten zu planen. Spätestens alle zwei Tage solltet ihr aber trainieren. Um das erlernte Verhalten aufrechtzuerhalten, wiederholst du es danach ein paar Mal die Woche mit einem Hund. Baue schließlich das neue Kommando in deine alltäglichen Interaktionen mit deiner tauben Fellnase ein.

Halte die ersten Trainingseinheiten klein und gehe langsam vor. Es kann hilfreich sein, eine zusätzliche Person im Raum zu haben, die dich unterstützt.

Denk daran, dass alle Hunde unterschiedliche Begabungen und Fähigkeiten haben. Stelle realistische Ziele und Erwartungen, aber scheue dich nicht, deinen Hund herauszufordern. Du wirst vielleicht überrascht sein, wie talentiert, klug und fähig er ist. Ein Tagebuch oder eine Videoaufzeichnung des Trainings deines Hundes zu führen, kann dir helfen zu sehen, wie weit er gekommen ist. Bilder von den Erfolgen deines Hundes in sozialen Medien zu posten, kann eine unterhaltsame Möglichkeit sein, deinen Hund zu feiern und positive Aufmerksamkeit auf talentierte taube Hunde zu lenken.

Das Wichtigste beim Training deines Hundes ist, positiv zu bleiben und die Erfolge zu feiern. Gehe mit einer glücklichen und unterstützenden Einstellung an deine Trainingszeit heran und wähle einen Zeitpunkt, zu dem du dich nicht gedrängt fühlst, durch die Einheit zu hetzen. Wenn du schlechte Laune hast (vielleicht hat dein tauber Hund den Müll durchwühlt), ist es in Ordnung, eine Einheit zu überspringen. Achte nur darauf, dass du nicht völlig aus der Spur gerätst. Das Training sollte für dich und deinen Hund Spaß machen. Ein Hund, der Freude am Training hat, wird mehr lernen wollen.

## Verwendung von Handzeichen

### Deutlich und offensichtlich

Bevor du mit dem Training deines Hundes beginnst, musst du festlegen, welche Handzeichen du verwenden möchtest. Übe diese allein, bevor du sie deinem Hund im Training vorstellst. Schau dir Videos auf Webseiten oder Apps an, die die DGS-Version des Zeichens (ich habe am Ende dieses Abschnitts einige Ressourcen angegeben) und das typische Hundetraining-Kommando zeigen.

Wenn du ein Handzeichen zum ersten Mal verwendest, dann zeige es übertrieben, um es deinem Hund deutlicher zu machen. Halte deine Hände vom Körper weg. Wenn ein Signal zu komplex oder einem bestehenden Handzeichen zu ähnlich ist, modifiziere es oder wähle einen anderen Weg.

Ein Trainer schlug vor, dass ich meinen Fuß für ein „Lass es"-Signal einbeziehen sollte. Sie wollte, dass ich neben dem fallengelassenen Leckerli tippe, um Natchez zu signalisieren, das Leckerli zu ignorieren. Das scheiterte kläglich. Nicht nur war er verängstigt, sondern ich fühlte mich, als würde ich einen Tanz aufführen. Und ich bin ein unkoordinierter und schrecklicher Tänzer. Natchez kennt nicht das traditionelle „Lass es"-Kommando. Stattdessen folgt er der „Nein-nein"-Geste, die das gleiche Ergebnis erzielt.

Du könntest in Betracht ziehen, während deiner Trainingseinheiten weiße Handschuhe zu tragen, um deine Hände sichtbarer zu machen.

### „Braver Hund" vs. „Richtig"

Hunde lernen durch Training und in passiven Zeiten. Einige taube Hunde neigen auch dazu, etwas nervös zu sein, oder brauchen die Bestätigung, dass das, was sie tun, in Ordnung ist. Außerdem möchtest du deinem Hund nicht ständig Leckerlis geben müssen, damit er tut, was er soll. Aus diesen Gründen solltest du deinem Hund zwei separate Zeichen beibringen: „Braver Hund" und „Richtig".

Wähle für „Braver Hund" ein einfaches Zeichen. Ich benutze den Daumen nach oben. Das sagt Natchez, dass alles in Ordnung ist und dass ich stolz auf ihn bin. Ich verwende dies, wenn er sich benimmt, aber nicht aufgefordert wird, ein Kommando auszuführen. Dies kann verwendet werden, wenn dein Hund entspannt in der Nähe von Fremden ist, nicht hochspringt oder neben dem Sofa liegt, anstatt darauf. Du solltest „Braver Hund" mit einem gelegentlichen Leckerli begleiten, solange du dieses Zeichen deinem Hund noch beibringst. Dies verbindet das Zeichen mit einer Belohnung.

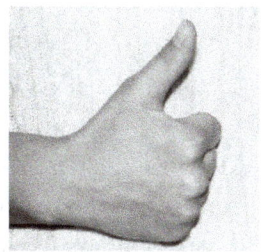

*Braver Hund*

Mit der Zeit kannst du weniger Leckerlis geben, da es für deinen Hund mehr zu einer psychologischen Belohnung wird.

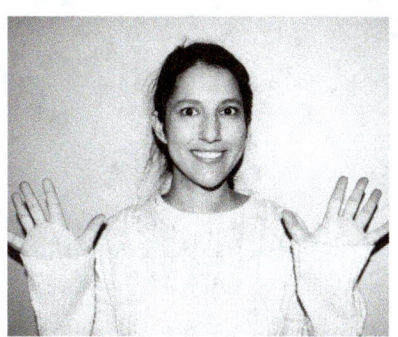

*Hurra*

Viele Trainer empfehlen die Verwendung eines Klickers, verbales Lob und Leckerlis beim Training eines hörenden Hundes. Offensichtlich können taube Hunde keine Klicker hören. Um einen sofortigen Effekt zu erzielen, dass dein Hund das Kommando richtig ausgeführt hat, brauchst du ein Zeichen. Ein schnelles und dramatisches Zeichen tut den Trick. Ich halte meine Hand in einer lockeren Faust mit dem Daumen nach oben und knicke mein Handgelenk zur Seite. Dieses schnelle Knicken sagt Natchez, dass er das Kommando richtig ausgeführt hat und als Belohnung ein Leckerli erhält.

Im Gegensatz zu „Braver Hund" sollte „Richtig" immer von einem Leckerli gefolgt werden. Es ist ein Versprechen oder Vertrag, den du mit deinem Hund schließt, auf den er sich verlassen kann. Du kannst das „Braver Hund"-Zeichen für eine gut gemachte Arbeit ohne Leckerli geben.

Andere Jubelzeichen können deinem Hund sagen, dass er es gut macht. „Glückliche Hände" oder „Hurra" in DGS können deinem Hund sagen, dass du mit seiner Leistung sehr zufrieden bist.

## Nützliche Kommandos

Nachdem dein Hund gelernt hat, dass du Leckerlis hast, wird er wissen wollen, wie er sich welche verdienen kann. Er könnte dich anstarren, an deiner Leckerli-Hand kratzen oder sogar ein wenig winseln, während er auf eines wartet. Dies sind alles deutliche Anzeichen dafür, dass dein Hund bereit fürs Training ist.

## Sitz

„Sitz" ist ein großartiges grundlegendes Kommando. In Verbindung mit „Bleib" wird es zu einem effektiven Werkzeug.

Das DGS Zeichen für „Sitz" sieht aus wie ein umgekehrter Fischerhaken, den Zeige- und Mittelfinger bilden. Der kleine Finger und Ringer sind eingeknickt wie bei einer Faust und der Daumen liegt über ihnen.

Um deinem tauben Hund das Sitzen beizubringen, zeige deinem Hund das „Sitz"-Zeichen. Du kannst sein Hinterteil senken, indem du deine Hände hebst, um ihn zu ermutigen, seinen Kopf zu heben und sein Hinterteil zu senken, oder indem du sein Hinterteil sanft auf den Boden drückst. Sobald dein Hund sitzt, zeige dein „Richtig"-Zeichen und gib ihm das Leckerli. Wiederhole dies noch ein paar Mal. Du solltest in der Lage sein, aufzuhören, auf sein Hinterteil zu drücken oder deine Hände zu heben. Die meisten Hunde brauchen fünf bis zehn Minuten, um dieses Kommando zu lernen.

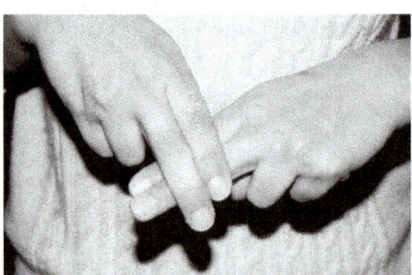

*Sitz*

Verstärke dieses Kommando über einige Wochen, um es vollständig zu festigen.

## Pfötchen geben

Deinem Hund beizubringen, Pfötchen zu geben, kann sehr nützlich sein für das Nägelschneiden, wenn dein Hund eine Zecke hat oder in ähnlichen Situationen. Dies ist eine großartige Fähigkeit, die mit Sitz verknüpft werden kann.

Um deinem tauben Hund „Gib Pfote" beizubringen, musst du ihn zuerst sitzen lassen. Dann bewege deine Hand und umfasse sanft die Pfote deines Hundes. Wenn dein Hund seine Pfote natürlich hebt, großartig! Wenn nicht, ist das auch in Ordnung. Gib ihm das „Richtig"-Zeichen und dann sein Leckerli.

Wiederhole dies mehrmals und hebe dabei allmählich die

*Pfötchen geben*

Pfote deines Hundes vom Boden. Nach einigen Minuten solltest du in der Lage sein, deine Hand flach in Richtung deines Hundes zu halten, und er sollte seine Pfote auf deine Hand legen. Wenn dies geschieht, zeige sofort dein „Richtig"-Zeichen und gib das Leckerli.

## Bleib

„Bleib" ist eine großartige Möglichkeit, deinen tauben Hund zu kontrollieren, wenn er auf neue Leute trifft oder um deinen Hund sicher zu halten.

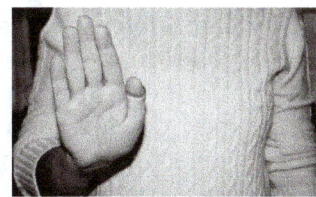

*Bleib*

Verknüpfe „Bleib" mit „Sitz". Sobald dein Hund sitzt, hebe deine Hand nach oben, mit der Handfläche zu deinem Hund, wie wenn du „Stopp" signalisierst. Warte ein paar Sekunden. Wenn dein Hund sich nicht bewegt, zeige „Richtig" und gib ihm ein Leckerli. Wenn dein Hund sich bewegt, fange von vorne an.

Mit der Zeit solltest du in der Lage sein, wegzugehen oder die Bleib-Zeit deines Hundes zu verlängern, indem du deine Handfläche zu deinem Hund hältst. Entlasse ihn mit dem „Richtig"-Zeichen.

## Zeigen-Training

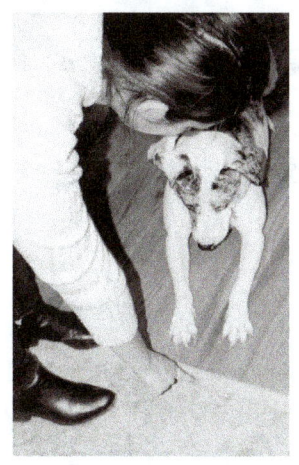

*Zeigen-Training*

Deinen tauben Hund im Zeigen zu trainieren, ist eine der vielseitigsten und nützlichsten Fähigkeiten, die du haben kannst. Dieses Mehrzweck-Kommando kann deinen tauben Hund darauf aufmerksam machen, in eine Richtung zu schauen, oder ihn dazu bringen, dorthin zu gehen, wo du willst. Ich benutze es, um Natchez zu sagen, wohin er gehen und wo er warten soll. Es ist auch praktisch, wenn die Katze in der Nähe ist und er nicht weiß, dass sie da ist.

Um deinem Hund beizubringen, auf dein Zeigen zu reagieren, verstecke in Abwesenheit deines Hundes einige Leckerlis im Raum. Wenn dein Hund den Raum betritt, zeige mit dem Finger, wo jedes Leckerli versteckt ist. Auf diese Weise lenkst du kontrolliert seine Aufmerksamkeit auf eine Belohnung und mit der Zeit kannst du ihm so anzeigen, wo er hinschauen oder hingehen soll.

Diese Fähigkeit kann mehrere Sitzungen und mehrere Wochen dauern, um sie zu perfektionieren, aber es ist deine Zeit wert.

**Berühre die Hand**

„Berühre die Hand" ist ein großartiges Kommando, um die Aufmerksamkeit deines Hundes aufrechtzuerhalten und gibt deinem Hund auch die Möglichkeit, nach Aufmerksamkeit zu fragen. Wenn er es erfolgreich gelernt hat, wird dein Hund dich mit seiner Nase anstupsen, um deine Aufmerksamkeit zu bekommen. Natchez springt in die Luft, um meine Hand zu berühren, was ich nutzen kann, um ihn auf Agility-Geräte springen zu lassen.

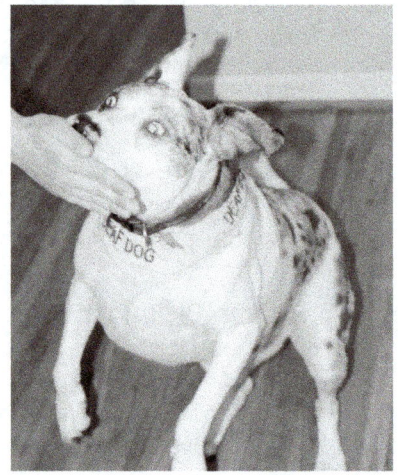

*Berühre die Hand*

Um dieses Kommando zu lehren, halte einfach deine Hand flach und berühre sanft die Nase deines Hundes. Dann gib das „Richtig"-Zeichen und ein Leckerli. Wiederhole dies. Nach ein paar Minuten ziehe deine Hand von deinem Hund weg und erhöhe den Abstand zwischen der Nase deines Hundes und deiner Hand.

**Wo man DGS lernen kann**

Wenn du daran interessiert bist, DGS zu lernen, stehen dir viele Ressourcen zur Verfügung. Um nach bestimmten Wörtern zu suchen, hat beispielsweise gebaerdenlernen.de einfach zu bedienende Suchfunktionen und klare Videos, die die Zeichen demonstrieren. Eine noch angenehmere Suche hat das Wörterbuch signdict.org, welches Video aus verschiedenen Quellen nutzt und äußerst umfangreich ist.

Um DGS zu lernen, empfehle ich, nach einem lokalen Kurs zu suchen. Diese werden oft an Volkshochschulen, Schulen und in Bibliotheken angeboten. Du kannst DGS auch aus Online-Kursen und über Videos oder eine App lernen. Die App „Gebärden lernen" ist benutzerfreundlich und macht Spaß. „Der Kestner" ist ebenfalls eine großartige App als Referenz, da es ein Wörterbuch der DGS ist.

Der Deutsche Gehörlosen-Bund bietet kostenlose Online-Lektionen mit großartigen Videos an. Auf Youtube findest du auch viele Videos zur DGS, aber auch zum Umgang mit tauben Hunden.

# FORTGESCHRITTENE KOMMANDOS

## mit Eric Melvin

*Eric und Angelyne*

ch bin der Besitzer und Trainer von Angelyne und Maddie, den „erstaunlichen" TAUBEN Australian Cattle Dogs. Ich helfe auch anderen tauben Hunden und ihren Menschen beim Training und inspiriere sie dazu, ein liebevolles und erfülltes Leben miteinander zu führen. Aus der Notwendigkeit für grundlegendes Training sowie zum Aufbau eines Fundaments eines fortgeschrittenen Wortschatzes, den wir für Bindung, Erziehung und Unterhaltung nutzen, habe ich eine Reihe von Signalen und Handzeichen entwickelt.

Ich habe Angelyne und Maddie nicht mit amerikanischer Gebärdensprache (ASL) trainiert. Ich habe ein „für uns einzigartiges" Trainingsprogramm entwickelt, das Handzeichen, Berührungen, Vibrationen, Licht, Gesichtsausdrücke, Körpersprache, Energiewechsel und Gerüche umfasst. Anstatt in Handsignalen denke ich in Form von Signalen und Vokabular. Unsere Signale und Zeichen sind einfach und können erweitert werden. Auf dem Höhepunkt von Angelynes Karriere und Fähigkeiten beherrschte sie ein Vokabular von 63 verschiedenen Signalen. Unser Spektrum an Signalen und Vokabular ist groß, aber jedes ist einfach und effektiv. Unsere Signale und unser Vokabular funktionieren für uns, wie wir leben, kommunizieren und in allen Bereichen unseres Lebens gemeinsam gedeihen.

Auf deinem eigenen Weg mit deinem tauben Hund wirst du vielleicht feststellen, dass einfacher besser ist, wenn es darum geht, Handzeichen und Kommandos beizubringen. Hier sind einige nützliche grundlegende und fortgeschrittene Handzeichen, die du beibringen kannst, um effektiver mit deinem Hund zu kommunizieren.

**Focus:**

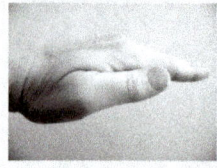 

Flache, offene Hand zu geschlossener Hand wie eine Faust. Alle unsere Kommandos beginnen aus der 'Focus'-Position

---

**Komm (ganz nah):**

 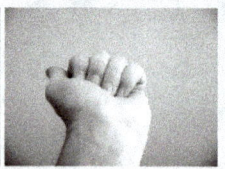

Gegenteil von Focus. Offene Hand, Handfläche nach oben zu geschlossener Hand wie eine Faust.

---

**Platz:**

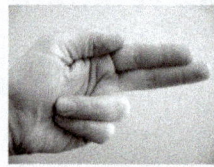 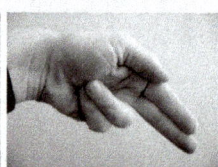

Zwei Finger schlagen oder zeigen zum Boden

---

**Lass es:**

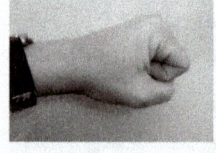 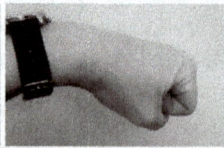

Beginne mit Focus (geschlossene Faust), beuge das Handgelenk nach unten, dann wieder nach oben

**Hol den Ball:**

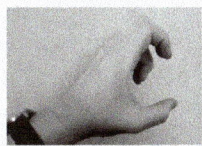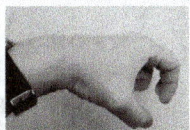

Offene Hand geformt, als würde man tatsächlich einen Ball halten, Handgelenk auf und ab bewegen

---

**Aufstehen / Stehen aus der Liegeposition:**

Focus (geschlossene Faust), öffnen, hohle Hand, Handfläche nach oben, Hand heben

# Eric Melvins Tipps für das Zusammenleben mit und die Ausbildung Ihres gehörlosen Hundes

- Taube Hunde können gefährliche Dinge wie Autos, Wetter, Baustellen und Wildtiere nicht hören. Bitte befolge die Leinenpflicht in den Bereichen, in denen du lebst, arbeitest, spielst und reist. Baue ein Vertrauensverhältnis zu deinem Hund auf, damit sie häufig zu dir zurückschaut, wenn sie Zeit ohne Leine verbringen darf. Ich verwende eine 10-Sekunden-Regel bei Angelyne und Maddie. Wenn sie ohne Leine sind und nicht innerhalb von 10 Sekunden zu mir zurückschauen, gehe ich zu ihnen und leine sie an.

- Taube Hunde können mit mehr als nur Handzeichen kommunizieren, einschließlich Körpersprache, Gesichtsausdrücken, Berührungen, Lichtern und Vibrationen. Die Grundlagen sind komm, sitz, bleib, platz, warte, hinlegen, gut, nein und schau/fokussiere.

- Finde heraus, was deinen Hund motiviert. Wenn du diese Dinge gefunden hast, nutze sie als positive Trainingswerkzeuge!

- Sei konsequent in deiner Kommunikation und übe, übe, übe!

- Kaufe eine Marke für das Halsband deines Hundes, auf der steht: ICH BIN TAUB, der Name des Hundes, dein Name und deine Telefonnummer.

■ Befestige eine Glocke am Halsband deines Hundes, damit du sie leicht hören und finden kannst, wenn sie außer Sichtweite ist.

■ Verwende Taschenlampen, Leckerlis, Ventilatoren, Laserpointer und Vibrationen, um die Aufmerksamkeit deines Hundes zu bekommen. Sei vorsichtig mit der Entwicklung von Zwangsverhalten bei Lichtern und Lasern. Nutze sie als positive Trainingswerkzeuge.

■ Lass deinen Hund wissen, wenn du den Raum oder das Haus verlässt, um ihn nicht zu erschrecken und zu verwirren.

■ Wecke einen tauben Hund sanft auf. Verwende anfangs ein Stück Futter, um es zu einer positiven Erfahrung zu machen. Du kannst auch sanft pusten, um sie zu wecken. Stelle sicher, dass du das Erste bist, was dein Hund sieht/riecht, wenn er die Augen öffnet. Ich streichle Angelyne und Maddie sanft mit einer Hand an der Seite ihres Kopfes, während ich ihnen mit der anderen Hand einen „Daumen hoch" gebe, sobald sie die Augen öffnen. Manche taube Hunde können beißen, erschrecken oder springen, wenn du sie weckst. Das kann mit richtigem positivem Training vermieden werden.

*Angelyne, der erstaunliche Cattle Dog*

■ Stelle Möbel am Rand des Raumes auf, wobei die Mitte frei bleibt, damit dein tauber Hund jederzeit alles im Raum sehen kann, um nicht zu erschrecken oder überrascht zu werden, wenn du oder ein Gast den Raum betritt.

■ Bewahre alle Reinigungs-/Automobilchemikalien, Medikamente, Lebensmittel oder andere Gegenstände hoch auf oder in Bereichen/Schränken/Schließfächern auf, zu denen der Hund keinen Zugang hat. Viele taube Hunde können stärker riechen als hörende Hunde und suchen manchmal aus Neugier, Hunger oder Langeweile nach diesen Gegenständen.

■ Lass ein Licht in deinem Haus an, wenn du gehst und dein tauber Hund allein dort ist. Taube Hunde sind empfindlich gegenüber Licht. Wenn sie Veränderungen im Licht, Schatten und Dunkelheit sehen, können sie erschrecken. Licht ist gut für taube Hunde, weil es ihr Selbstvertrauen und Wohlbefinden stärken kann.

■ Lass keine Spielzeuge oder Futter draußen, wenn du gehst. Du wirst nicht in der Lage sein, sie zu beaufsichtigen und sie vor dem Kauen/Spielen und möglichem Ersticken zu schützen.

■ Schließe in neuen und vertrauten Orten die Türen zu Räumen, in die dein Hund nicht gehen soll. Taube Hunde wandern aufgrund von Geruch und Neugier umher. Wenn taube Hunde uns nicht sehen, werden sie ängstlich. Halte deinen Hund in der Nähe und erlaube ihm nicht, in Bereiche zu wandern, in denen du ihn nicht sehen kannst. Im Zweifelsfall benutze die Leine!

■ Sobald du eine Bindung zu deinem Hund aufgebaut hast und sie den Weg im Haus kennt, spiele Verstecken mit ihm/ihr. Ich habe Angelyne und Maddie trainiert, mich anhand meines Geruchs zu finden, wenn ich einen Raum verlasse. Meistens lasse ich sie wissen, wenn ich einen Raum verlasse, aber manchmal tue ich es nicht, um ihre Fähigkeit zu testen, meinen Geruch zu verfolgen. Sobald sie mich finden, gebe ich anfangs ein Leckerli, bis sie wissen, dass es eine gute Sache ist, zu kommen und mich zu finden. Jetzt, wenn ich nicht in ihrer Sicht bin, kommen sie jedes Mal, um nach mir zu suchen!

---

Mehr über Eric Melvin und seine Arbeit mit Angelyne und Maddie erfährst du auf ihrer Website: https://deafcattledogessentials.com/

Folge ihnen auf Facebook: „Eric and Angelyne the Amazing DEAF Cattle Dog"

## Einen tauben Hund motivieren

Wenn es darum geht, deinen tauben Hund zum Lernen zu motivieren, solltest du darauf achten, dass die Belohnung die Arbeit wert ist.

Halte das Training frisch und aufregend mit hochwertigen Leckerlis. Wechsel gelegentlich die Art der Leckerlis, um für etwas Abwechslung zu sorgen. Oder überrasche deinen Hund mit einem neuen Spielzeug am Ende einer wirklich anstrengenden Einheit.

Feiere immer, lächle und habe Spaß. Mach dir keine Sorgen, wenn du darüber lachst, weil dein tauber Hund etwas Albernes tut.

Einige taube Fellnasen wollen von Natur aus lernen und dir gefallen. Dies ist besonders bei den Doppel-Merle-Rassen verbreitet, da die meisten einen Hüte- und Arbeitshintergrund haben. Viele taube Hunde sind einfach so begeistert, jemanden zu haben, der mit ihnen kommunizieren kann, dass sie bereit sind, fast alles zu tun, was du verlangst.

## Die Aufmerksamkeit eines tauben Hundes behalten

Eine Sache, die du ziemlich schnell lernen wirst, ist, dass es eine Herausforderung sein kann, die Aufmerksamkeit eines tauben Hundes zu gewinnen. Glücklicherweise ist es viel einfacher, diese Aufmerksamkeit aufrechtzuerhalten.

Um die Aufmerksamkeit deines tauben Hundes zu bekommen, kannst du ein Vibrationshalsband verwenden. Du kannst auch in großen Bewegungen deinem Hund zuwinken. Wenn dein Hund in der Nähe liegt, steht oder schläft, tippe sanft auf die Schulter deines Hundes. Wenn dein Hund dich anschaut, gib unbedingt das „Braver Hund"-Signal.

Du kannst deinem tauben Hund beibringen, dass er dich weiterhin beobachtet, indem du Leckerlis und etwas Geduld verwendest. Lasse dafür deinen tauben Hund das Leckerli riechen und tippe dann an dein Auge. Die Bewegung deines Fingertippens sollte seine Aufmerksamkeit gewinnen. Wenn er auf deinen Finger am Auge schaut, zeige das „Richtig"-Zeichen. Wiederhole dies mehrmals, bis dein Hund es beherrscht. Dann kannst du deinen Finger immer länger halten und das Leckerli nur geben, wenn er die Aufmerksamkeit aufrechterhält. Beachte dabei, dass dein Hund keinen direkten Augenkontakt herstellen muss, da das für einige Hunde einschüchternd sein kann. Wenn dein Hund unaufmerksam wird oder sich ablenken lässt, dann beginne von vorne.

# Boxentraining

Erfolgreiches Boxentraining kann Wunder für deinen Seelenfrieden und deinen tauben Hund bewirken. Wenn ein Hund boxentrainiert ist, lernt er, seine Box als seinen eigenen sicheren Raum oder sein Versteck zu erkennen. Alle meine Hunde lieben ihre Boxen und gehen freiwillig hinein.

Dir gibt es Sicherheit zu wissen, dass dein Hund geschützt in einer Box ist, während du außer Haus bist. Wenn dein Hund in einer Box gesichert ist, wird er nicht durch den Müll wühlen oder sich versehentlich verletzen können. Boxentraining kann auch deine Besitztümer schützen. Ein Hund, der in einer Box ist, kann nicht auf deinen Teppich machen oder dein Sofa zerreißen.

Wenn du reist, nimm die Box deines Hundes mit, damit er seinen sicheren Ort zum Entspannen hat. Du kannst dann auch allein ausgehen und die Gegend erkunden, ohne dir Sorgen zu machen, was dein Hund in eurer Unterkunft macht. Boxentraining bereitet deinen Hund auch auf eine Hundepension vor.

Wähle eine Box, die eine gute Belüftung und genug Platz für deinen Hund bietet, um sich in einem vollen Kreis zu drehen. Platziere die Box in einem Bereich, in dem du Zeit verbringst. Richte die Box so aus, dass dein tauber Hund dich sehen kann.

Viele Hundebesitzer machen den Fehler, die Box in einem Raum zu platzieren, in den niemand geht. Dies isoliert deinen Hund und gibt ihm das Gefühl, bestraft zu werden. Taube Hunde sind wie andere Hunde auch sozial und wollen bei der Familie sein. Ja, dein Hund wird wahrscheinlich bellen, winseln, weinen und einen Wutanfall bekommen für eine oder zwei Wochen, wenn er bei geschlossener Tür in seiner Box sein muss. Das ist normal. Solange er sich nicht selbst verletzt, wird dein Hund sich beruhigen. Zeige beruhigend mit dem Daumen nach oben, bleibe im Raum und streichle deinen Hund durch die Box.

Um mit dem Boxentraining deines tauben Hundes zu beginnen, richte die Box mit einem bequemen Bett oder einer Matte und einigen Komfortartikeln ein. Wirf ein paar Leckerlis in die Box und lass deinen Hund aus eigenem Antrieb hineingehen. Wenn dein Hund sich weigert, hineinzugehen, solltest du deinen Hund mit noch hochwertigeren Leckerlis oder Spielzeugen locken. Versuche Erdnussbutter oder ein Leckerli auf Fischbasis – diese haben normalerweise den stärksten Geruch. Zwinge deinen Hund nicht in die Box, da dies eine negative Assoziation mit der Box erzeugen wird. Denk daran, deinem Hund Zeit zu geben und geduldig zu sein.

Wiederhole dies über einige Tage. Bald wird dein Hund die Box ohne zu zögern betreten. Schließe die Tür hinter ihm und gib ihm noch ein paar Leckerlis. Lass ihn raus und gib ihm viel Liebe.

Mache dies noch mehrere Male über einige Tage, erhöhe die Zeit, die die Tür geschlossen bleibt. Sobald du bei ein paar Minuten bist, schließe die Tür und setze dich in die Nähe. Denk daran, den Daumen nach oben zu zeigen und deinen Hund anzulächeln. Lass ihn etwa zehn Minuten in der Box. Dann lass ihn raus. Verdopple die Zeit und entspanne dich beim Fernsehen oder Lesen in der Nähe, damit sich dein tauber Hund wohler fühlt. Nach einer Weile sollte dein tauber Hund einschlafen oder sich einfach entspannen. An diesem Punkt ist bei ihm alles in Ordnung und er ist soweit, um über Nacht oder während du außer Haus bist, in der Box gelassen zu werden.

## Vibrationshalsbänder

Vibrationshalsbänder funktionieren gut für viele taube Hunde. Ich persönlich hatte begrenzten Erfolg mit Natchez, aber viele Besitzer tauber Hunde schwören für den Rückruf darauf. Mit der Vibration wird der Hund, wenn er beispielsweise im Garten läuft, dazu gebracht, zu seinem Besitzer zurückzukehren.

Du kannst deinen tauben Hund auf Rückruf trainieren, indem du das Halsband eng genug um den Hals deines Hundes befestigst, damit er die Vibration durch sein Fell spüren kann.

Foto Von Janet Santilli

Dann drücke den Knopf, zeige das „Richtig"-Signal und gib ein Leckerli. Nach einer Weile sollte dein Hund beginnen, zu dir zu schauen, um ein Leckerli zu bekommen, wenn er die Vibration spürt.

Nachdem dein Hund die Vibration mit dem Blick zu dir und dem Erhalt eines Leckerlis verbunden hat, kannst du dann zum Lehren des Rückrufs übergehen. Dazu nimmst du deinen tauben Hund an die Leine und gehst in den Garten. Halte deinen Hund in der Fußposition. Dann gib ihm Spielraum. Wenn er beginnt, wegzugehen, drücke den Vibrationsknopf. Wenn er sich zu dir dreht, gib ihm das „Richtig"-Signal und ein

Leckerli. Du kannst den Abstand mit der Zeit erhöhen, indem du mit einem Seil die Leine verlängerst. Sobald er das Verhalten beherrscht, kannst du den Rückruf ohne Leine in einem eingezäunten Bereich versuchen. Schließlich kannst du die Leckerlis weglassen.

## An der Leine

Die Leinenführung kann für jeden Hund ganz unterschiedlich sein. Mit der mildesten Intervention zu beginnen und dann von dort aus fortzuschreiten, wenn nötig, ist ein guter Handlungsplan.

Beginne das Leinentraining, indem du mit deinem Hund gehst. Wenn dein Hund beginnt zu ziehen, dann bleibe stehen und warte, bis dein Hund sich zu dir dreht. Fordere deinen tauben Hund auf, die Hand zu berühren. Zeige das „Richtig"-Signal, gib ein Leckerli und gehe weiter. Wenn dein Hund wieder zieht, dann bleibe erneut stehen. Dies lehrt deinen Hund, dass er mit gespannter Leine keinen Fortschritt macht.

Sollte dies nicht funktionieren, dann verwende ein Geschirr, an dem die Leine vorne befestigt wird. Sobald der Hund zieht, wird er automatisch zur Seite gelenkt, was ihm mit der Zeit den Anreiz am Ziehen nimmt.

Wenn dein Hund weiterhin zieht, kann das zu einem Sicherheitsproblem werden. Das Ziehen kann deinen Arm und Körper belasten und einen sicheren Halt an deinem Hund gefährden. Du kannst die Verwendung eines Stachelhalsbandes in Betracht ziehen. Ich bin gegen ein Würgehalsband oder Thunder-Geschirr, die dem Ziehen entgegenwirken sollen. Würgehalsbänder können permanente Schäden an der Kehle deines Hundes verursachen. Ich fand das Thunder-Geschirr unwirksam. Ein Stachelhalsband übt gleichmäßigen Druck rund um den Hals deines Hundes aus. Es wird allmählich enger und dadurch unangenehmer, so dass dein Hund langsamer wird. Ich schlage vor, dass du einen Trainer oder Verhaltensberater konsultierst, solltest du diesen Schritt benötigen.

# Problematische Verhaltensweisen bewältigen

Alle Hunde sind einzigartig. Einige ihrer Eigenheiten können ziemlich störend, ärgerlich und beunruhigend sein. Wenn du lernst, wie du deinem tauben Hund dabei helfen kannst, diese Verhaltensweisen zu bewältigen, werden sich dein Leben mit und deine Beziehung zu deinem Hund verbessern.

## Bellen

Bellen ist eines der schwierigsten Verhaltensweisen, die man einem tauben Hund abgewöhnen will, hauptsächlich, weil er sich selbst nicht hören kann. Natchez war ein reaktiver Beller. Er bellte Fremde und andere Hunde auf Spaziergängen an. Er wurde manchmal übermäßig aufgeregt und bellte Hausgäste an. Ich empfehle, dem Grund nachzugehen, warum dein Hund bellt, und dann von dort aus zu arbeiten.

Ein häufiger Fehler, den Menschen machen, ist ein versehentliches Verstärken des bellen. Dies passiert oft, wenn ein Gast kommt: Der Hund bellt den Gast an und der Gast wird ermutigt, dem Hund Leckerlis zu geben, um ihn zum Aufhören zu bringen. Dies sagt dem Hund, durch positive Verstärkung, dass sein Verhalten angemessen ist. Stattdessen belohne deinen Hund während Momente, in denen er still ist. Wenn du das „Richtig"-Signal zeigen kannst, ist das noch besser.

Eine andere Strategie, die für einige Menschen funktioniert, ist, ihrem Hund eine Leine anzulegen und leicht daran zu ziehen, wenn er bellt, was eine leichte negative Verstärkung darstellt.

Da Bellen eine schwierige Herausforderung ist, die mit einem tauben Hund zu überwinden ist, kann ein Trainer äußerst hilfreich sein.

## Raues Spielen

Hunde lernen, wie sie ihre spielerischen Bisse, Knabbereien und Energie mäßigen können, indem sie mit Wurfgeschwistern spielen. Wenn ein hörender Hund einen anderen Welpen knabbert, wird der andere Welpe quietschen oder jaulen und aufhören, am Spiel teilzunehmen. Durch diese negative Assoziation lernt ein hörender Hund Grenzen und Einschränkungen. Manchmal lernen taube Hunde diese Verbindung nicht. Dies kann zu rauen Spielgewohnheiten führen.

Wenn dein tauber Hund zu rau mit dir spielt, beißt, kratzt, an deinen Händen zieht, höre sofort auf zu spielen und gehe weg. Wenn dies das Problem nicht behebt, versuche, eine zweite Person deinen tauben Hund mit einer Wasserflasche bespritzen zu lassen, wenn er etwas zu rau wird.

Lass deinen Hund nicht unbeaufsichtigt mit Kindern oder anderen Hunden spielen, bis du dir sicher bist, dass dein tauber Hund sanft spielen kann. Dies ist eine Vorsichtsmaßnahme, denn manchmal wissen andere Hunde nicht, wie sie auf taube Hunde reagieren sollen. Das kann zu aggressivem, provozierendem oder sogar verletzendem Verhalten führen, wenn dein Hund zu rau mit anderen umgeht.

## Unerwünschtes Kauen

Einige taube Hunde können etwas oralfixiert sein. Kauen kann auch ein Zeichen von Stress oder Angst sein, oft Trennungsangst. Kauen kann zu einem Gesundheitsproblem werden, da dein tauber Hund etwas Gefährliches verschlucken kann.

Wenn dein tauber Hund übermäßig kaut, konsultiere deinen Tierarzt. Sei aufmerksam und erkenne, was in Reichweite deines tauben Hundes ist. Boxentraining ist der beste Weg, um deine Besitztümer und deinen Hund zu schützen, während er allein ist.

Es ist auch wichtig, deinem Hund angemessene Kaumöglichkeiten mit einer Vielzahl von Spielzeugen zu bieten. Wenn das Kauen weitergeht, konsultiere einen Trainer oder Verhaltensberater.

# Verhaltensberater und Trainer

Das Training eines tauben Hundes kann schwierig sein. Einige Hunde brauchen einfach mehr, als der Besitzer bieten kann. Einige Hundehalter haben nicht die Zeit oder das Know-how, um ihre Hunde effektiv zu trainieren. Wenn du überfordert oder verwirrt bist, dann fühl dich nicht schlecht! Es ist wichtig, die Hilfe eines Experten zu suchen, wenn du auf ein Hindernis stößt.

Hundetraining-Profis können dir Einblicke in die Motivationen und Bedürfnisse deines Hundes geben und dir Techniken vermitteln, die für deinen Hund am besten funktionieren.

## Einen Verhaltensberater oder Trainer wählen

Hundetrainer und Verhaltensberater können eine teure Investition sein. Das macht die Wahl des richtigen umso wichtiger. Jeder Hundebesitzer möchte seine Zeit, sein Geld und die Energie seines Hundes in einen Trainer investieren, der für ihn funktioniert. Deshalb schlage ich vor, dass du dir Zeit nimmst, einen qualifizierten und hilfreichen Trainer auszuwählen.

Du solltest einen zertifizierten angewandten Tierverhaltensberater engagieren, wenn es dein regulärer Tierarzt vorschlägt. Es ist auch ratsam, diese Art der Unterstützung zu suchen, wenn dein tauber Hund unter schwerer Angst leidet oder einen extremen Verhaltenszustand an den Tag legt. Diese Tierärzte können Medikamente verschreiben und dich durch die Gründe führen, warum dein Hund ein bestimmtes Verhalten zeigt. Sie können auch zugrunde liegende körperliche Probleme diagnostizieren, die die Probleme deines Hundes verursachen können. Zum Beispiel kann eine beeinträchtigte Sehkraft zu erhöhter Nervosität führen. Ein Tierver-haltensberater wird dir klare Anleitungen und Anweisungen geben, wie du deinem Hund in Bezug auf seine Probleme am besten helfen und ihn trainieren kannst.

Viele Hunde brauchen keinen Verhaltensberater, aber die meisten prof-itieren stark von der Arbeit mit einem Trainer.

In Deutschland (Stand: Mai 2025) ist weder der Beruf des Hundetrain-ers noch der Beruf des Verhaltensberaters rechtlich geschützt. Die Berufe sind aber durch das Tierschutzgesetz rechtlich reglementiert. Wer gewerb-smäßig als Trainer oder Verhaltensberater für Hunde arbeiten will, benötigt eine entsprechende Genehmigung, die nur nach Vorlage eines Sekundärnach-weises erteilt wird. Den Sachkundenachweis kann jedoch im Grunde jeder erhalten, der eine Prüfung beim Veterinäramt ablegt oder einen anerkannten Sachkundekurs durchführt. Es gibt für die Kurse keine Zugangsbeschränkung und keine Voraussetzungen für die Teilnahme. Es existiert ebenfalls keine einheitliche, staatlich geregelte Ausbildungsordnung.

Da diese Berufsgruppen nicht rechtlich geschützt sind, musst du besonders sorgfältig sein bei der Auswahl eines Verhaltensberaters oder Trainers. Wenn du einen Verhaltensberater oder Trainer kontaktierst, stelle Fragen und überprüfe ihre Referenzen. Einige gängige Zertifi-zierungen umfassen

- Berufsverband zertifizierter Hundetrainer (BVZ)
- Verband für das Deutsche Hundewesen (VDH)
- Berufsverband der Hundeerzieher/innen und Verhaltensberater/innen (BHV)
- Behavior Adjustment Training (BAT) nach Grisha Stewart
- Internationaler Tierheilpraktikerverband e. V.

Du kannst auch immer nach Referenzen fragen. Die meisten guten Trainer bieten an, dich und deinen Hund zu treffen, damit du siehst, wie er mit deinem Hund agiert, und um einen potenziellen Trainingsplan zu besprechen.

Frage immer nach ihrer Erfahrung mit tauben Hunden. Sie sollten in der Lage sein, dir zu sagen, wie sie ihre Techniken für taube Hunde anpassen. Ich würde außerdem fragen, ob ein Besitzer eines tauben Hundes sich freiwillig als Referenz für sie melden würde.

Frage, wie sie ihren Trainingsstil beschreiben würden, warum sie Freude am Hundetraining haben und welche Art von Ergebnissen sie garantieren. Du kannst auch nach ihrem Ansatz zu positiver oder negativer Verstärkung fragen und die spezifischen Bedürfnisse deines Hundes besprechen. Meiner Meinung nach erhalten Trainer, die zu dir nach Hause kommen, oft einen realeren Einblick in die Verhaltensweisen deines Hundes.

Einige Trainer verlangen eine Pauschalgebühr und arbeiten mit dir und deinem Hund, bis die Verhaltensweisen deines Hundes bewältigt sind. Andere berechnen pro Sitzung. Ich hatte das meiste Glück mit einem Trainer, der eine große Pauschalgebühr im Voraus verlangte und mit mir arbeitete, bis ich zufrieden war. Sie kommt noch immer für gelegentliche Hilfestellungen, wenn ich diese benötige. Da sie einen Pauschalbetrag mit einem Vertrag berechnet, berechnet sie keine zusätzlichen Nachbesuche.

Am wichtigsten ist, dass du das Gefühl hast, dass dein Trainer deine Bedürfnisse und Erwartungen erfüllt und effektiv mit dir kommunizieren kann. Du bist letztendlich derjenige, der die Arbeit machen muss, aber klare Anweisungen und angemessene Unterstützung machen einen Weltunterschied.

# KAPITEL 8
## Sozialisierung mit anderen Hunden

Hunde sind von Natur aus soziale Tiere. Sie werden in Würfen geboren und bilden Rudel. Bei ihrer Interaktion miteinander kommunizieren sie durch Körpersprache, verbale Signale und durch ihre Handlungen. Viele dieser Signale sind subtil, aber komplex. Dies kann für taube Hunde ein Nachteil sein, da sie die verbalen Signale ihrer Artgenossen nicht wahrnehmen können. Die meisten Hunde erlernen angemessene soziale Fähigkeiten bereits im Welpenalter, beginnend wenige Tage nach ihrer Geburt. Diese Fähigkeiten werden weiter ausgebaut, wenn die Sinne eines Welpen beginnen, sich vollständig zu entwickeln und sich an die Umgebung anzupassen. In dieser Zeit lernen Hunde, miteinander zu spielen und die Signale des anderen zu interpretieren. Da taube Hunde nicht hören können, entgehen ihnen viele der sozialen Signale ihrer Wurfgeschwister und ihrer Mutter. Dies kann zu einem tauben Hund führen, der sozial unbeholfen ist.

Da manche taube Hunde benachteiligt sind, ist es wichtig, ihnen zu helfen, ihre Fähigkeiten in einer sicheren und beaufsichtigten Umgebung zu erlernen und auszubauen.

*Foto Von
Mary Thompson*

# Voraussetzungen für den Erfolg deines Hundes

Wenn du dich dazu entscheidest, einen tauben Hund bei dir aufzunehmen, möchtest du ihm das bestmögliche Leben bieten. Natürlich sind manche Hunde einfach keine „Hunde-Hunde". Das bedeutet, dass sie einfach nicht viel Interesse an anderen Hunden zeigen. Dies kann bei tauben Hunden oft der Fall sein, da einige aufgrund ihrer Unfähigkeit, die Signale anderer Hunde zu lesen, traumatische Erfahrungen gemacht haben. Manche ziehen die Gesellschaft von Menschen der von anderen Hunden vor, weil sie sich ängstlich fühlen und ihr Mensch ihnen Sicherheit bietet.

Wenn du zwei Hunde miteinander bekannt machst, dann tue dies auf neutralem Boden in einem eingezäunten Bereich, wo sie sich ohne Leine begegnen können. Durch eine Leine kann unnötige Spannung verursacht werden, da Hunde sich einerseits durch sie eingeengt fühlen, während sie das Bedürfnis verspüren könnten, ihren Besitzer verteidigen zu müssen. Die Hunde sollten genügend Platz haben, um sich voneinander zu entfernen und nach eigenem Ermessen wieder zusammenzukommen.

Unabhängig von den Umständen möchtest du, dass dein tauber Hund sicher ist und die bestmöglichen Voraussetzungen für eine erfolgreiche Sozialisierung hat.

## *Gruppentraining und der Hundeplatz*

Viele Hundeschulen und große Zoofachgeschäfte bieten Gruppentrainingskurse an, um Hunden grundlegende Kommandos und soziale Fähigkeiten beizubringen. Diese Kurse können eine ausgezeichnete Möglichkeit sein, deinen tauben Hund in einer kontrollierten Umgebung mit anderen Hunden bekannt zu machen. Die Anwesenheit eines Trainers kann dir etwas von der Last abnehmen, wenn es darum geht, die Signale deines Hundes und die anderer Hunde zu lesen.

Gruppentrainingskurse sind in ihrer Größe begrenzt, was eine überschaubare Anzahl anderer Hunde gewährleistet (im Gegensatz zum Hundeplatz).

Ich empfehle es trotzdem, deinen Hund zum Hundeplatz zu bringen, um seine sozialen Fähigkeiten aufzubauen, angestaute Energie abzubauen und etwas Spaß zu haben. Trotz des Drangs, sofort loszulegen, solltest du jedoch für die Sicherheit deines Hundes die Einführung auf dem Hundeplatz langsam und mit überlegten Schritten durchführen. Da Hunde dort meist ohne Leine sind, kann es schwieriger sein, die Situation zu kontrollieren, sollte es zu einem Zwischenfall kommen.

Erkunde den Hundeplatz allein, bevor dein Hund ihn zu Gesicht bekommt. Gehe mehrmals zu verschiedenen Tageszeiten hin. Nimm dir einen Moment Zeit, um die Regeln zu lesen. Betrete den Hundeplatz, um eine Vorstellung davon zu bekommen, wie Hunde reagieren, sobald du durch die Tore gehst. Achte darauf, ob ihre Besitzer in der Nähe sind, um sie zu kontrollieren, wenn sie z. B. an dir hochspringen. Unterhalte dich mit einigen der Hundebesitzer, um einen besseren Eindruck von den anderen Besuchern zu bekommen. Sei nicht schüchtern und frage nach, was ihnen am Park gefällt und was nicht.

Die meisten Hundeplätze haben Stoßzeiten. Diese fallen oft mit typischen Arbeitszeiten und saisonalen Wetterbedingungen zusammen. Wenn du entscheidest, dass der Hundeplatz für dich und deinen tauben Hund geeignet ist, dann plane einen Besuch außerhalb der Stoßzeiten ein.

Führe deinen Hund an den Hundeplatz heran, indem du mit ihm an der Leine außerhalb des Platzes am Rand entlanggehst. Lass ihn auf andere Hunde zugehen, die möglicherweise zum Zaun laufen. Achte darauf, ob dein Hund die Nackenhaare aufstellt, knurrt, nach vorne stürmt oder bellt. Hole deinen Hund mehrmals zurück, um ihm zu helfen, sich durch die Sicherheit eines Zauns an die Anwesenheit anderer Hunde zu gewöhnen. Wenn dein Hund durchgehend steif ist oder Anzeichen von Aggression, Angst oder Unbehagen zeigt, kontaktiere einen Trainer oder Verhaltensexperten.

Hunde, die Anzeichen von Aufregung und Freundlichkeit zeigen, sind gute Kandidaten für die nächsten Schritte. Woran erkennst du, ob ein Hund glücklich, freundlich und aufgeregt ist? Schwanzwedeln und Spielaufforderungen sind ausgezeichnete Anzeichen. Eine Spielaufforderung ist, wenn dein Hund sich auf seine Vorderbeine herunterbeugt, um anderen Hunden zu zeigen, dass er nicht aggressiv ist und spielen möchte. Manche Hunde winseln auch, um zu zeigen, dass sie unbedingt die anderen Hunde treffen möchten.

Bringe deinen Hund mehrmals zum Hundeplatz und halte ihn zunächst außerhalb. Danach kannst du deinen Hund auf den Hundeplatz bringen, vorzugsweise wenn er leer ist, damit er sich ein Bild von der Umgebung machen kann. Auch wenn er allein ist, wird dein Hund es wahrscheinlich genießen, all die Gerüche aufzunehmen. Beachte, dass du keinen ungeimpften oder nicht kastrierten/sterilisierten Hund auf einen Hundeplatz bringen solltest!

Der beste Zeitpunkt, um deinen Hund bei Anwesenheit anderer Hunde zum Hundeplatz zu bringen, ist immer noch außerhalb der Stoßzeiten. Dies ist oft während des normalen Arbeitstages.

Wenn du während der gewöhnlichen Arbeitszeit ankommst und nur ein Hund im Park ist, frage unbedingt den Besitzer, ob sein Hund freundlich

Foto Von
Tracey Gant

ist. Manchmal bringen andere Besitzer ihre nervösen oder möglicherweise aggressiven Hunde zu diesen Zeiten, damit diese etwas Zeit ohne Leine genießen können.

Sollten sie bestätigen, dass ihr Hund freundlich ist, gehe in den Bereich zum Ablegen der Leine und nimm deinem Hund schnell die Leine ab. Zu viel Zeit beim Ablegen der Leine kann Spannungen verursachen.

Ein Fehler, den Hundebesitzer machen, ist, ihren Hund mit angelegter Leine auf einen Hundeplatz zu bringen. Sie denken, es kann ihnen helfen, die Situation besser zu kontrollieren. Tatsächlich werden viele Hunde auf dem Hundeplatz noch aufgeregter und beginnen, einen Hund zu umringen, der an der Leine ist. Dies gilt oft auch für Hunde, die hereingetragen oder von ihren Besitzern hochgehoben werden. Wenn ein Hund an der Leine ist, kann er sich gefangen oder verletzlicher fühlen, da er keine Möglichkeit hat, aus freien Stücken aus der Situation zu entkommen. Wenn du nervös bist, einen Hundeplatz zu betreten, nimm dir Zeit und überlege, ob du zurückkommst,

**FUNFACT**
Plum

Ein tauber Hund und ihr Besitzer eroberten das Internet mit einem viralen Video. Es zeigt, wie Tierarzthelfer Aiden Mann seine taube Australian Shepherd Plum weckt. Um sie nicht zu erschrecken, pustet Mann sanft Luft auf Plum. Mann nutzt Berührungssignale zur Kommunikation mit Plum. Die Hündin hat jetzt einen Instagram-Account (@lola_plum365) mit Hundeschwester Lola, wo die Welt ihre Abenteuer verfolgen kann.

wenn es weniger voll ist. Bringe deinen Hund nicht an der Leine hinein.

Sobald dein Hund von der Leine ist, öffne das Tor und beobachte seine Körpersprache sehr genau. Behalte die Leine deines Hundes in der Hand, nur für den Fall. Wenn dein Hund steif wird, die Nackenhaare aufstellt, knurrt oder seine Zähne zeigt, lege ihm die Leine an und gehe weg. Wenn die Hunde, die deinen tauben Hund begrüßen, diese Anzeichen zeigen, bleibe wachsam und sei bereit einzugreifen. Zu den normalen Signalen und Hundebegrüßungen gehören Hinternschnüffeln, Schwanzwedeln, Jaulen, Verbeugen und eine allgemein entspannte Körperhaltung.

Wenn dein Hund seine sozialen Fähigkeiten aufbaut, kannst du beginnen, den Hundeplatz zu geschäftigeren Zeiten zu besuchen.

Zur üblichen Etikette auf dem Hundeplatz gehört, keine Leckerlis in den Park zu bringen, die Hunde anderer mit der gleichen Höflichkeit zu behandeln wie den eigenen, den Kot deines Hundes aufzusammeln und immer ein wachsames Auge auf deinen Hund zu haben. Lass dich nicht von deinem Handy ablenken und lass deinen Hund nicht allein auf dem Hundeplatz zurück.

Viele Leute werden dir sagen, dass Kinder und Hundeplätze keine gute Kombination sind. Das liegt daran, dass Kinder unberechenbar sein können und sich auf Augenhöhe mit den meisten Hunden befinden.

## *Lies die Körpersprache deines Hundes*

Die sozialen Signale eines Hundes können recht komplex sein. Da Hunde in Rudeln jagten, verließen sie sich stark auf Körpersprache statt auf verbale Signale (obwohl akustische Signale Teil ihrer Kommunikation sind). Das Erlernen dieser Signale kann dir einen tieferen Einblick geben, wie dein Hund eine Hund-zu-Hund-Interaktion empfindet.

**Schwanzwedeln:**

Ihr Hund ist emotional aufgeregt. Höchstwahrscheinlich ist er fröhlich aufgeregt, aber nicht immer.

---

**Nackenfell:**

Ihr Hund hat eine Linie von Fell, die vom oberen Teil seines Nackens bis zur Schwanzbasis verläuft. Dieses Fell stellt sich auf, wenn Ihr Hund erregt ist. Es ist ähnlich wie eine Gänsehaut. Wenn sich das Nackenfell zusammen mit Zähnefletschen, Knurren oder Steifheit sträubt, ist Ihr Hund verärgert. Wenn sich bei Ihrem Hund nur das Nackenfell sträubt, ist er möglicherweise nur extrem aufgeregt.

---

**Eingeklemmter Schwanz (möglicherweise mit eingeklemmtem Hinterteil):**

Das zeigt an, dass Ihr Hund ängstlich oder nervös ist.

---

**Ducken (möglicherweise mit Zucken):**

Ihr Hund hat Angst und versucht, sich kleiner zu machen, um zu zeigen, dass er keine Bedrohung darstellt.

**Sich Umdrehen:**

Das ist ein Zeichen der Unterwerfung. Welpen und ältere Hunde neigen dazu, dies zu tun, um zu zeigen, dass sie keinen Widerstand leisten.

---

**Verbeugen:**

Ihr Hund möchte spielen.

---

**Nach vorne lehnen:**

Das kann ein Zeichen von Einschüchterung oder Aufregung sein.

---

**Niesen beim Spielen:**

Das ist eine Art, wie Hunde einander mitteilen: 'Ich spiele nur. Das ist einfach nur Spielkampf, nicht echt.

**Gähnen:**

Gähnen kann ein Zeichen von Stress oder Angst sein. Gähnen flutet das Gehirn mit Sauerstoff und hält Ihren Hund wachsam und nervös.

**Hecheln:**

Das kann ein Zeichen von Nervosität sein und eine Möglichkeit, den Sauerstoff zum Gehirn zu erhöhen. Es ist auch ein Kühlmechanismus für Hunde.

**Lefzen hochziehen/ Zähne zeigen:**

Ihr Hund warnt andere, dass er mit dem, was passiert, unzufrieden ist.

**Anhaltender Blickkontakt:**

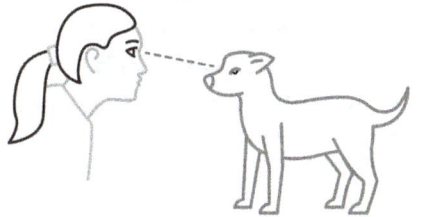

Das kann ein bedrohliches und aggressives Zeichen sein, besonders wenn Ihr Hund das Weiße seiner Augen zeigt.

**Blickkontakt vermeiden:**

Ihr Hund ist ruhig und nicht konfrontativ.

**Zittern:**

Das kann eine Art sein, Stress abzubauen, nachdem der Stressfaktor vorbei ist.

**Umherlaufen:**

Das ist wahrscheinlich ein Zeichen von Unruhe oder Angst.

## Haustiergeschwister/Begleittiere

Viele taube Hunde kommen gut zurecht, wenn sie Hundegeschwister haben. Ein Begleithund für deinen tauben Hund kann ihm helfen, die Welt um ihn herum besser zu interpretieren. Was andere Tierarten betrifft, so können sie glücklich koexistieren oder sogar eine Bindung aufbauen.

Mein tauber Hund gibt seiner Katzenschwester immer nach und lässt ihr viel Platz. Sie kuscheln oder spielen jedoch nicht miteinander. Ein Kätzchen, das mit einem tauben Hund aufgewachsen ist, würde sich möglicherweise besser anpassen und eine stärkere Bindung zu einem tauben Hund aufbauen.

Natchez verlässt sich stark auf seinen hörenden Bruder Fritz. Wenn Fritz aufgeregt ist, wird Natchez aufgeregt. Wenn Fritz den Postboten anbellt, schließt sich Natchez sicher an und stürzt sich auf das Fenster, um herauszufinden, was los ist.

Fritz neigt dazu, von Zeit zu Zeit genervt von Natchez zu sein. Es ist wichtig, dass dein hörender Hund individuelle Aufmerksamkeit und etwas Zeit und Raum getrennt von seinem tauben Artgenossen bekommt.

## Sozialisierung eines Hundes mit erworbener Taubheit

Hunde mit erworbener Taubheit können leicht erschreckt werden. Bei der Sozialisierung eines Hundes mit erworbener Taubheit ist es am besten, einen Spielgefährten zu finden, der ruhig und etwa gleich groß ist. Einige Hunde mit erworbener Taubheit können außerdem aus Angst defensiv reagieren.

Ich habe einen älteren Beagle mit erworbener Taubheit (altersbedingt und aufgrund lebenslanger Ohreninfektionen) adoptiert. Sie war extrem ängstlich, wenn sie anderen Hunden vorgestellt wurde. Sie stürzte sich heulend und schnappend auf ihre Gesichter. Glücklicherweise waren meine anderen Hunde geduldig und schienen zu verstehen, dass sie keine Bedrohung darstellte.

Wie andere taube Hunde erschrickt mein Beagle leicht, wenn er berührt wird, und verlässt sich stark auf seinen Geruchs- und Sehsinn.

Wenn du einen Hund mit erworbener Taubheit anderen Hunden vorstellst, ist es immer am besten, dies in einem Raum zu tun, in dem der taube Hund sich bei Bedarf zurückziehen kann und den anderen Hund kommen sieht. Sei bereit, im Notfall einzugreifen.

# KAPITEL 9

# Leben mit einem tauben Hund

Es wird einige Zeit dauern, bis sich dein tauber Hund in deinem Zuhause eingelebt und sich an deinen Tagesablauf gewöhnt hat. Die meisten Hunde brauchen etwa drei Wochen, um sich in ihrer neuen Umgebung heimisch zu fühlen. Taube Hunde neigen dazu, überraschend schnell eine Bindung zu einem Menschen aufzubauen, also wundere dich nicht, wenn diese Phase der Eingewöhnung bei deinem tauben Hund schneller geht. Natürlich können manche taube Hunde auch etwas länger brauchen.

Dieses Kapitel soll dir und deinem tauben Hund helfen, langfristig erfolgreich zusammenzuleben. Es geht dabei auch um den typischen Alltag mit einer tauben Fellnase: von oft übersehenen Sicherheitsaspekten bis hin zu kleinen Gesten, die deinem Tauben zeigen, dass du für ihn da bist. Das Leben mit einem tauben Hund ist wirklich unglaublich bereichernd und wird schnell zu einer Quelle langanhaltender Freude.

## Sicherheit

Eine der herzzerreißendsten Situationen, die mir begegnen, sind taube Hunde, die als Streuner aufgegriffen und ins örtliche Tierheim gebracht werden. Viele dieser wunderschönen Hunde waren vor ihrer Aufnahme zahlreichen Gefahren ausgesetzt, und traurigerweise werden viele das Tierheim nie wieder verlassen. Selbst wenn du einen vollständig eingezäunten Garten hast und ein aufmerksamer Hundehalter bist, hoffe ich, dass du die folgenden Sicherheitstipps befolgst, um deinen kostbaren Vierbeiner zu schützen.

### Die Leine als Sicherheitsmaßnahme

Wenn du mit deinem tauben Hund spazieren gehst, ist es selbstverständlich, ihn anzuleinen, oder? Während die meisten Leser dieses Buches der Aussage zustimmen, dass Leinen eines der besten Hilfsmittel zum Schutz ihrer Hunde sind, können Situationen entstehen, in denen du versucht sein könntest, deinen tauben Hund von der Leine zu lassen. Widerstehe dem Drang, deinen tauben Hund frei laufen zu lassen. Es könnte das Leben deines Hundes retten und dir unzählige stressige Momente und Kopfschmerzen ersparen. Typische Situationen sind zum Beispiel Wanderungen, Strandbesuche oder Ausflüge zum See.

Wenn ich über das Problem nachdenke, einen tauben Hund von der Leine zu lassen, fällt mir ein bestimmtes Erlebnis ein. Eines Sommers ging ich mit Natchez und seinem Bruder Fritz zum Hundeplatz. Der Platz war leer, also beschlossen wir, auf dem angrenzenden, vollständig eingezäunten Weg zu wandern. Ich ließ Natchez und Fritz von der Leine und begann zu laufen. Natchez blieb während des größten Teils der Wanderung in Sichtweite, aber es war heiß, und er

## Profi-Tipp
### Hundebuggy

Taube Hunde erschrecken leicht, wenn sie plötzlich von Fremden oder Hunden angesprochen werden. Kleine taube Hunde fühlen sich in einem Hundebuggy bei Besorgungen in belebten Gegenden wohler. Das Verdeck bietet weniger Reize und mehr Sicherheit. Die Gewöhnung an einen neuen Buggy braucht Zeit, aber positive Verstärkung und Wiederholung sind der Schlüssel zu jeder neuen Routine.

wurde gegen Ende langsamer. Ich ließ ihn zurückfallen. Als ich zum Eingang zurückkam, war Natchez nirgends zu finden. Ich begann, umzukehren und nach ihm zu suchen. Ich musste den Weg komplett in umgekehrter Richtung ablaufen, weil er an irgendeinem Punkt Angst bekommen hatte und in die entgegengesetzte Richtung gelaufen war. Obwohl dies an sich nicht die gefährlichste Situation war, war es an diesem Tag sehr, sehr heiß draußen, was bei Natchez zu einem Hitzschlag hätte führen können. Ich fühlte mich hilflos, verängstigt und ärgerte mich über mich selbst.

## Besuche auf dem Hundeplatz

Die Ausnahme von der Regel ist der Hundeplatz. Wenn du dich mit den sozialen Fähigkeiten deines tauben Hundes wohl und sicher fühlst, dann erlaube ihm, etwas Freiheit auf dem Hundeplatz zu genießen. Meiner Erfahrung nach können Leinen für die anderen Hunde ein Signal sein, dass ein Neuling unter ihnen ist. Angeleinte Hunde können sich gefangen fühlen, da sie nicht fliehen können, und reagieren dann aus Angst heraus. Wenn du deinen tauben Hund auf dem Hundeplatz mit anderen Hunden herumtollen lässt, dann lass deine Leine jedoch nicht am Eingang liegen. Halte sie immer bei dir und behalte deinen Hund und die anderen stets aufmerksam im Auge.

### Gefahren auf dem Hundeplatz

Da taube Hunde sozial unbeholfen sein können, nehmen andere Hunde diese Unterschiede möglicherweise wahr und wählen deine taube Fellnase als Mobbingopfer aus. Dazu gehört oft das Aufreiten (oder Rammeln). Obwohl dies kein angenehmer Anblick ist, ist es relativ normal. Es gibt

jedoch zwei Probleme, die auftauchen, wenn man dieses Verhalten ignoriert. Erstens könnte dein Hund beleidigt sein und negativ auf das Aufreiten
reagieren. Zweitens können aufreitende Hunde mit ihren Wolfskrallen oder
normalen Krallen in die Seiten, Hüften oder den Bauch ihres Opfers graben,
was zu Kratzern und Blutergüssen führt.

Solltest du den aufreitenden Übeltäter von deinem Hund entfernen?
Nutze dein Urteilsvermögen, wenn es um andere Hunde auf dem Platz geht.
Im besten Fall ist der Besitzer des betreffenden Hundes in der Nähe und
wird den Hund von deinem wegziehen. Wenn du den anderen Hund selbst
von deinem entfernen musst, sei sanft. Benutze dazu sein Halsband und
sei respektvoll. Menschen reagieren oft empfindlich darauf, wenn jemand
anderes an ihren Hund geht.

Du kannst auch einfach deinen Hund aus der Situation herausnehmen
und dich auf die andere Seite des Platzes begeben. Wenn das Aufreiten
weitergeht oder der Hundeplatz nicht groß genug ist, um der Situation zu
entkommen, dann geh lieber weg und mach stattdessen einen Spaziergang in der Nähe.

Während Hundeplätze eine großartige Gelegenheit bieten können,
damit dein Hund in einer kontrollierten Umgebung sozialisiert wird, ist es

wichtig zu bedenken, dass es zu Missverständnissen zwischen Hunden und zu Rangeleien oder sogar Kämpfen kommen kann.

Um dir eine Vorstellung davon zu geben, was auf dem Hundeplatz schiefgehen kann, nehme ich Natchez' Erfahrung als Beispiel. Er hatte zwei Missverständnisse auf dem Hundeplatz.

Das erste trat auf, als ein Besitzer mit zwei Huskys ankam. Es war offensichtlich, dass der Besitzer nervös war. Er behielt beide Hunde an der Leine in der kleinen Schleuse zwischen dem Eingang und dem Hauptteil des Platzes. Die Hunde, die bereits auf dem Platz waren (einschließlich Natchez), waren ganz aufgeregt und wollten die Neuankömmlinge begrüßen. Sie versammelten sich alle um die Schleuse, bellten und warteten aufgeregt darauf, dass sie eintraten. Dies machte den Besitzer natürlich noch nervöser und verlängerte die Zeit, die er in der Schleuse verbrachte. Dies verstärkte die Angst seiner Hunde. Als er sie schließlich von der Leine ließ und das Tor öffnete, stürmte sein Rüde auf Natchez zu, knurrte und biss ihm in die Ohren. Natchez, der von der ganzen Sache verängstigt war, konnte ziemlich schnell entkommen. Ich ging weg, untersuchte Natchez auf Verletzungen – sein Ohr war angeschnitten, aber ansonsten ging es ihm gut – und verließ für den Tag den Hundeplatz.

Ein weiterer Vorfall ereignete sich Monate später auf einem anderen Hundeplatz. Natchez schnüffelte fröhlich im hinteren Teil des Platzes herum, als ihn ein Dobermann mit frisch kupierten Ohren erschreckte. Natchez knurrte und versuchte dann, zum Spielen aufzufordern. Dem Dobermann gefiel diese Idee nicht (wahrscheinlich, weil seine Ohren schmerzten) und er kauerte sich hin. Der Besitzer rannte herbei, um seinen Hund zu holen, und sagte dabei einige gemeine Dinge über Natchez. Offensichtlich hätte er seinen Hund mit frisch kupierten Ohren nie zum Hundeplatz bringen sollen, aber solche Dinge passieren, da Hundeplätze oft nicht von offizieller Seite beaufsichtigt werden.

### Verhalten in Kampfsituationen

Wenn es jemals zu einer Rauferei kommt, stecke nicht deine Hand zwischen die Hunde. Dies könnte zu einer schweren Verletzung führen. Die besten Methoden, einen Hundekampf zu beenden, sind, Wasser oder eine Decke auf die Hunde zu werfen. Wenn dein Hundeplatz einen Schlauch hat, ist dies wahrscheinlich die beste Möglichkeit, um einzugreifen. Wenn sich die Hunde trennen, sei bereit, deinen Hund anzuleinen und zu gehen. Sobald du an einem sicheren Ort bist, untersuche deinen Hund auf Verletzungen.

Wenn sich ein Hund in einen anderen Hund verbissen hat, dann beachte, dass ein Wegziehen des Angreifers die Haut des Opfers zerreißen kann.

Foto Von
Mary Thompson

Wenn dies passiert, versuche, den Hund dazu zu bringen, seinen Kiefer zu lockern und loszulassen. Sei bereit, den anderen Hund sofort wegzuziehen.

## Nennenswertes zum Hundepark

Beachte, dass Hundeplätze manchmal schlechte Angewohnheiten fördern. Da der Hundeplatz eine Rudel-Mentalität fördert, können Hunde sich zusammenrotten oder Verhaltensweisen erlernen, die du möglicherweise als unerwünscht empfindest. Manche Hunde lernen auf dem Hundeplatz, andere zu besteigen. Weitere schlechte Angewohnheiten sind übermäßige Aufregung, wenn ein Hund hochgehoben oder an der Leine in den Park gebracht wird.

Darüber hinaus verbieten Hundeplätze unkastrierten Hündinnen den Zutritt, ignorieren aber, dass unkastrierte Rüden aggressive Tendenzen zeigen können.

Außerdem habe ich unzählige Hunde mit Flöhen auf dem Hundeplatz gesehen. Lass deinen Hund nicht ohne Flohschutz zum Hundeplatz gehen!

Hundeplätze sind nicht für jeden Hund geeignet. Dein Hund kann soziale Fähigkeiten auch durch Hundetagesstätten, (Gruppen-)Training oder kleine Spieltreffen erlernen.

## Geschirre und Ausrüstung für taube Hunde

Online findest du eine große Auswahl an Ausrüstung für taube Hunde. Dazu gehören Leinen, Geschirre, Halsbänder und andere Gegenstände mit entsprechenden Hinweisen. Ich habe bisher noch kein Geschirr für taube Hunde gefunden, das mehr ist als nur bestickter Stoff. Ich ziehe Natchez trotzdem sein Geschirr/seine Weste für taube Hunde an, wenn wir in eine Situation gehen, in der es hilfreich ist, ihn als taub zu kennzeichnen. Ich befestige seine Leine jedoch nicht am Geschirr. Es dient nur als Hinweis.

Der größte Vorteil einer Weste, die deinen Hund als taub kennzeichnet, ist, dass Menschen weniger dazu neigen, ohne deine Erlaubnis auf deinen Hund zuzulaufen und ihn zu streicheln. Ich habe allerdings festgestellt, dass es Kinder nicht davon abhält, sich zu nähern.

## Achte auf Autos, Kinder und andere Hunde

Wenn du mit deinem tauben Hund spazieren gehst, denk daran, dass du für seine Sicherheit verantwortlich bist. Das bedeutet, dass du auf eure Umgebung achten, nach Gefahren Ausschau halten und wissen musst, wie du reagieren solltest, falls etwas passiert oder Gefahr auftaucht.

Was Autos betrifft, so kann dein tauber Hund sie nicht kommen hören. Du musst also darauf achten, dass deine taube Fellnase nicht auf die Straße läuft, bevor du die Bereitschaft zeigst, diese zu überqueren. Du musst deinen Hund außerdem in sicherem Abstand zum Verkehr halten. Eine Übung, die du einführen kannst, ist, deinen tauben Hund an Kreuzungen sitzen und warten zu lassen. Die Kommandos „Sitz" und „Bleib", gefolgt von einem Freigabezeichen, sind der einfachste Weg, dies zu tun.

Eine der häufigsten Situationen, auf die du dich vorbereiten solltest, sind auf dich und deinen tauben Hund zurennende Kinder. Während die meisten Kinder harmlos sind und viele taube Hunde kleine Kinder lieben, möchtest du vermeiden, dass Kinder (besonders solche ohne Begleitung eines Erwachsenen) deinen Hund bei Spaziergängen streicheln. Kinder neigen dazu, stürmisch und schnell zu sein. Sie haben auch die Tendenz, direkt auf den Kopf eines Hundes zuzugehen oder etwas grob zu sein. Dies kann einen tauben Hund nervös machen, und das Letzte, was du willst, ist, dass dein tauber Freund unnötigerweise Angst vor Kindern bekommt oder ein Kind anknurrt.

Um zu verhindern, dass Kinder deinen Hund ohne Erlaubnis streicheln, rufe ihnen zu, bevor sie zu nahe kommen. Ich sage einfach: „Hey, mein Hund ist nervös und möchte gerade nicht gestreichelt werden." Das funktioniert. Ich füge normalerweise „Vielleicht ein anderes Mal!" hinzu, um die Enttäuschung abzumildern.

Foto Von
Cindy Nelson

Wenn du das Kind kennst, seine Eltern anwesend sind und du zu 100 % sicher bist, dass dein Hund damit einverstanden ist, gestreichelt zu werden, erinnere das Kind daran, dass dein Hund nicht hören kann. Vermeide zu sagen: „Mein Hund ist taub.", da die meisten Kinder nicht genau wissen, was das bedeutet. Sage stattdessen: „Mein Hund kann nicht hören, also geh bitte langsam auf ihn zu." Lass deinen Hund an der Hand des Kindes schnuppern und vermeide, dass das Kind den Kopf streichelt. Ich plane normalerweise Streicheleinheiten, indem ich Leckerlis mitbringe. Ich lasse die Kinder ihre Hände flach mit einem Leckerli darauf halten und sage ihnen, sie sollen Natchez auf sie zukommen lassen.

Bei Kindern ist es immer besser, auf Nummer sicher zu gehen. Zögere nicht, einem Kind zu sagen, dass es deinen Hund nicht streicheln darf. Es ist auch in Ordnung, bei einem Spaziergang umzukehren, um Kindern auszuweichen, wenn du nicht möchtest, dass sie auf deinen Hund zulaufen. Die Sicherheit deines Hundes und die Sicherheit der Kinder sollten immer oberste Priorität haben.

Eine der stressigsten Situationen bei unseren Spaziergängen ist, wenn ein anderer Hund nicht angeleint ist. Vertraue niemals einem Hund, den du nicht kennst. Wenn du einen nicht angeleinten Hund siehst, drehe um und gehe weg. Wenn der Hund auf dich zuläuft oder sich nähert, rufe nach seinem Besitzer. Das ist mir mit zwei nicht angeleinten Dobermännern passiert. Sie waren riesig und stellten sich meinen Hunden gegenüber. Ich rief: „Bitte rufen Sie Ihre Hunde zurück!" und „Ihre Hunde bedrohen meine Hunde." Die Besitzerin rief ihre Hunde zurück.

Wenn du in einer ländlichen Gegend lebst, wo Menschen ihre Hunde oft frei herumlaufen lassen, solltest du vielleicht eine Sprühflasche mit Wasser bei dir tragen.

Kenne schließlich immer die Vorschriften deiner Stadt oder deines Landkreises zur Leinenführung. Wenn du einen Hund siehst, der verloren herumläuft oder eine Gefahr für Menschen oder Haustiere darstellt, rufe die zuständigen Behörden.

## *Kommunikation mit deinen Nachbarn*

Bei der Adoption eines tauben Hundes ist es wichtig, deine Nachbarn über den Zuwachs in deinem Haushalt zu informieren. Dies gibt ihnen einen Hinweis darauf, dass sie möglicherweise sein Bellen hören werden, und falls dein tauber Hund jemals aus deinem Garten entkommen sollte, wissen sie, wohin sie deinen Hund zurückbringen können, falls sie ihn finden.

## Hinweis auf Namensschild und Mikrochip

Du solltest so bald wie möglich nach der Adoption ein Namensschild bestellen und deinen tauben Hund chippen lassen. Ein Mikrochip und ein Namensschild helfen dir, deinen tauben Hund viel schneller wiederzufinden, sollte er oder sie verloren gehen. Denke daran, die Mikrochip-Informationen deines Hundes zu aktualisieren, wenn du umziehst oder sich deine Telefonnummer ändert.

Ich lese oft von Hunden, die zu Tierärzten gebracht werden, nur um festzustellen, dass der gescannte Chip nicht registriert ist. Das ist eine Tragödie. Viele adoptierte Hunde kommen bereits mit einem Mikrochip, aber du musst möglicherweise die Informationen in der Mikrochip-Datenbank aktualisieren. Verschiebe oder überspringe diesen wichtigen Schritt zum Schutz deines Hundes nicht.

Auf dem Namensschild deines Hundes sollten neben dem Namen deines Hundes, deiner Telefonnummer und sogar deiner Adresse die Worte „Ich bin taub" stehen. Auf Natchez' Namensschild steht: „Ich bin taub, bitte Geduld."

Ich empfehle ein Anhängeschild anstelle eines bestickten ID-Halsbandes, weil Menschen eher bereit sind, einen Hund anzusprechen und einzufangen, wenn sie sehen, dass er oder sie ein Namensschild trägt. Bestickte Halsbänder sind jedoch eine gute Absicherung, falls dein Hund sein Namensschild verliert.

**FUNFACT**
**Angelyne, der erstaunliche Cattle Dog**

Angelyne wurde taub geboren, aber das hinderte sie und Besitzer/Trainer Eric Melvin nicht daran, über 500 inspirierende Präsentationen als Fürsprecher für Menschen und Tiere mit Behinderungen zu geben. Angelyne lernte über 60 Signale: Handzeichen, Berührung, Geruch, Licht, Körpersprache, Gesichtsausdrücke und Vibrationen. Eric und Angelyne begeisterten bis zu ihrem Tod 2020 weiter das Publikum. Heute setzt Eric Angelynes Vermächtnis mit seinem neuen tauben Australian Cattle Dog Maddie fort. Mehr unter https://deafcattledogessentials.com.

## *Die Aufmerksamkeit eines tauben Hundes gewinnen*

Eines der größten Handicaps des Nichthörens ist, dass dein Tauber nicht weiß, wann du seinen Namen rufst. Dies kann zu einer Gefahr werden, sollte dein Hund aus dem Haus schleichen und auf die Straße zulaufen. Vibrationstraining kann in diesem Fall ein unschlagbares Hilfsmittel sein. Natürlich müsstest du die Fernbedienung für das Halsband zu diesem Zeitpunkt bei dir haben. Wenn dein Hund auf eine Straße oder eine andere Gefahr zuläuft, musst du ihn oder sie einholen, dich zwischen deinen Hund und die Gefahr stellen und ihm signalisieren, anzuhalten, indem du deine Hand hochhältst.

Wenn du die Aufmerksamkeit deines Tauben gewinnen möchtest, wenn er oder sie weit weg ist, ist das Winken mit den Händen normalerweise ziemlich effektiv. Du kannst deinem Hund dann signalisieren, zu dir zu kommen. Du kannst auch dein Verandalicht benutzen, wenn du einen großen Garten hast, um die Aufmerksamkeit deines Hundes zu gewinnen, wenn es Zeit ist, abends ins Haus zu kommen.

Um die Aufmerksamkeit deines Hundes zu gewinnen, während er oder sie sich im Haus entspannt, kannst du winken oder sanft auf die Schulter deines Hundes tippen. Eine flache Hand auf die Schulter oder den Rücken deines Hundes zu legen, ist eine weitere Option. Sei dabei immer sanft.

# KAPITEL 10
# Wohlbefinden und emotionale Sicherheit

A lle Hunde haben ihre Eigenheiten, besonders, wenn es um Komfort geht. Manche liegen lieber auf Fliesen als auf einem flauschigen Bett, während andere es lieben, unter einer Decke eingewickelt zu sein. Mit der Zeit wirst du lernen, was für deinen tauben Hund am besten funktioniert. Hier sind einige Tipps, die bei den meisten Hunden in Situationen helfen, die deinen Vierbeiner verunsichern können.

## Wie man einen tauben Hund begrüßt und kennenlernt

Die meisten Hunde ziehen es vor, selbst auf dich zuzukommen, wenn sie dich kennenlernen wollen. Das gilt oft auch für taube Hunde. Wenn Menschen deinen tauben Hund treffen, dann bitte sie, sich langsam zu nähern oder zu warten, bis der Hund auf sie zukommt. Sie sollten keine schnellen oder übertriebenen Handbewegungen machen, da dies beängstigend sein oder einen Hund verwirren kann, dessen primäres Kommunikationsmittel mit Menschen Handzeichen sind. Du wirst vermutlich feststellen, dass Freunde, die viel mit den Händen reden, deinen tauben Hund ziemlich verwirren können. Der taube Hund schnuppert vielleicht an der neuen Person und weicht dann zurück, oder er bleibt stehen, um gestreichelt zu werden. Empfehle der neuen Person, deinen Hund nicht am Kopf zu streicheln, da dies für einen Hund beängstigend sein kann.

Es ist völlig in Ordnung, wenn dein Hund zurückweicht. Lass ihn. Geh einfach deinen Beschäftigungen nach und ignoriere deinen tauben Hund. Erlaube ihm, sich dem

> ## Profi-Tipp
> **Nachtlicht**
>
> Da taube Hunde stärker auf das Sehen angewiesen sind, kann ein sanftes Nachtlicht im Schlafbereich helfen, dass sich dein Hund sicher fühlt. Wenn dein Hund nachts nach dir sieht, bietet ein Nachtlicht zusätzlichen Komfort für einen Hund, der sich nicht aufs Hören verlassen kann.

Fremden in seinem eigenen Tempo und nach seinem eigenen Wohlbefinden zu nähern.

Sich im Sichtfeld deines tauben Hundes hinzusetzen, signalisiert deinem Hund, dass die Person entspannt ist, eine Weile bleiben wird und keine bösen Absichten hat. Auch Blickkontakt zu vermeiden kann einen Fremden für einen nervösen Hund zugänglicher machen. Ein Leckerli auf der flachen Hand anzubieten ist ebenfalls immer ermutigend für scheue Hunde.

Zwinge deinen Hund niemals, jemand Neues zu begrüßen oder sich von einem Fremden streicheln zu lassen.

Foto Von
Jean Jacobs

Foto Von
Jane Hampson

# Wie man einen tauben Hund aufweckt

Taube Hunde schlafen oft sehr tief. Da sie nichts hören können, schlafen sie durch das Öffnen deiner Tür, durch das Rufen ihres Namens und sogar durch einen Feueralarm. Da sie so fest schlafen, solltest du behutsam sein, wenn du sie weckst, da taube Hunde beim Aufwachen leicht erschrecken.

Wenn dein tauber Hund schläft, kann das Einschalten eines Lichts ihn aufwecken. Ansonsten solltest du sanft deine Hand auf die Schulter deines Hundes legen oder ihn dort leicht antippen. Ich streiche Natchez oft von den Schultern abwärts. Mit der Zeit wird dein Hund lernen, dass diese Art der Berührung von dir kommt, und beim Aufwachen weniger erschrecken.

# Taube Hunde und Routine

Alle Hunde gedeihen mit Routine. Wenn dein Hund einen festen Zeitplan hat, fühlt er sich sicherer. Er weiß, was ihn wann erwartet. Diese Stabilität ist das Beste, was ein Besitzer eines tauben Hundes bieten kann.

Beginne so früh wie möglich damit, die Routine deines Hundes zu etablieren. Halte dich an praktische Fütterungszeiten, Gassigehzeiten und sogar regelmäßige Toilettenpausen. Wenn dein Zeitplan keinen perfekt übereinstimmenden Ablauf zulässt, versuche zumindest, die Fütterungszeiten und Spaziergänge so konsistent wie möglich zu halten.

Wenn eine größere Veränderung im Leben deines Hundes eintritt, kann es ihm helfen, sich schneller anzupassen, wenn du seinen Zeitplan so normal wie möglich hältst. Das gilt für Hausbesuche, die Betreuung durch einen Hundesitter und Umzüge. Je weniger sich ändert, desto selbstbewusster und sicherer wird sich dein Hund fühlen. Stell dir vor, er denkt: „Na gut, da ist eine neue Person im Haus,

## Profi-Tipp
### Trennungsangst überwinden

Taube Hunde neigen eher zur Entwicklung von Trennungsangst. Frühes Boxentraining ist eine gute Möglichkeit, diesem Verhalten entgegenzuwirken. Zeigt dein tauber Hund Anzeichen von Trennungsangst, übe ihn für kurze Zeiten allein in einer sicheren Umgebung wie seiner Box zu lassen und verlängere die Zeit allmählich. Ein getragenes T-Shirt, das nach dir riecht, ist eine weitere gute Möglichkeit, deinem ängstlichen Hund während der Trennung Trost zu spenden.

aber wenigstens weiß ich, wann ich gefüttert werde und Gassi gehen darf."

Du kannst bestimmte Vorkehrungen treffen, um den Zeitplan deines Hundes auch in Situationen einzuhalten, die Veränderungen erfordern, wie z. B. an Feiertagen oder wenn du einen neuen Job beginnst. Ein Gassigeher kann helfen, den Zeitplan deines Hundes konsistenter zu gestalten. Auch ein automatischer Futterspender kann dazu beitragen, deinen Hund zur gewohnten Fütterungszeit zu versorgen, wenn du nicht zu Hause sein kannst.

## Komfortpullover und –westen

Was ist dein natürlicher Instinkt, wenn es darum geht, einen nervösen Hund zu beruhigen? Oft versuchen Menschen zuerst, mit beruhigender Stimme zu sprechen. Aus offensichtlichen Gründen ist dies für deinen tauben Hund möglicherweise nicht die beste Option. Komfortwesten wie die Thunder Vest oder einfach ein Pullover können einem tauben Hund helfen, sich entspannter zu fühlen.

Natchez liebt es, Pullover zu tragen, obwohl die Thunder Vest bei ihm nie viel bewirkt hat. Seine Trainerin erklärte mir, dass der Pullover wie eine beruhigende Umarmung für ihn wirkt. Sie sind auch praktisch, wenn es draußen kalt ist oder schneit. Wenn dein Hund ihn mag, dann kann ein Pullover eine großartige Lösung während Reisen oder in anderen Situationen sein, in denen es leicht stressig wird.

# KAPITEL 11

# Die Persönlichkeitsmerkmale eines tauben Hundes

Kein tauber Hund gleicht dem anderen, aber du kannst sicher sein, dass deine taube Fellnase eine einzigartige Persönlichkeit haben wird. Taube Hunde werden oft als „schrullig" und „albern" beschrieben. Einige sind eher zurückhaltend, während andere lebhaft und energiegeladen sind. Obwohl du bereits einen ersten Eindruck von der Persönlichkeit deines Hundes bekommst, wenn du ihn kennenlernst und nach Hause bringst, wird erst die Zeit die volle Tiefe seiner Persönlichkeit offenbaren.

Es gibt jedoch einige gemeinsame Persönlichkeitsmerkmale, auf die du dich verlassen kannst.

## Taube Hunde sind aufmerksam und erkennen Muster

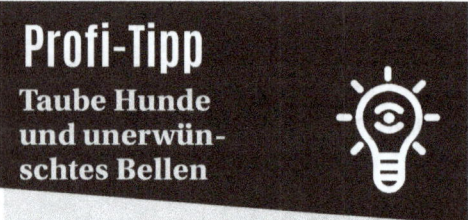

**Profi-Tipp**

**Taube Hunde und unerwünschtes Bellen**

Ob dein Hund hören kann oder nicht, du könntest Schwierigkeiten mit seinem Bellen haben. Es gibt viele Methoden mit positiver Verstärkung, tauben Hunden das Bellen abzugewöhnen, aber überlege zuerst, was dieses Verhalten verursacht. Frustration, Angst, Schmerzen und Unbehagen sind mögliche Ursachen. Hast du diese ausgeschlossen, könnte das Bellen erlerntes Verhalten sein. Interaktion während des Bellens ermutigt nur häufigeres Bellen. Warte, bis dein Hund ruhig ist, bevor du dich mit ihm beschäftigst.

Ich bin immer wieder überrascht, wie aufmerksam Natchez ist und wie geschickt er darin ist, meine Handlungen vorherzusagen. Er kann unterscheiden, ob ich das Haus verlasse, um Besorgungen zu machen, oder nur hinausgehe, um die Pflanzen zu gießen. Wenn ich für Erledigungen weggehe, legt er sich ins Bett, bevor ich überhaupt zur Tür hinausgehe, aber wenn ich nur kurz die Post hole oder Pflanzen gieße, wartet er oben an der Treppe.

Indem er winzige Unterschiede in meinen Handlungen

Foto Von
Lara DePietro

wahrnimmt, weiß er, was ihn erwartet. Dein tauber Hund wird wahrscheinlich ähnlich sein.

Rechne damit, dass dein Hund bestimmte Routinen lernt. Er wird wissen, wann du dich für einen Spaziergang oder fürs Bett fertig machst. Er wird außerdem ganz genau wissen, wo du die Leckerlis aufbewahrst. Und sei nicht überrascht, wenn deine taube Fellnase weiß, was du tun wirst, bevor du es selbst weißt. Sie haben ein besonderes Talent dafür.

## Erwarte keine Begrüßung an der Tür

Einer der unheimlichsten Aspekte beim Besitz eines tauben Hundes ist, dass vieles des typischen Hundeverhaltens einfach nicht stattfindet. Wenn dein tauber Hund ein Einzeltier ist, erwarte nicht, dass er dich an der Tür begrüßt. Tatsächlich musst du in den ersten Wochen und Monaten vielleicht deinen Hund suchen, um herauszufinden, wo er eingeschlafen ist. Das kann für manche neue Besitzer etwas beängstigend sein, da es sich anfühlen kann, als sei dein Hund verschwunden.

Selbst einige taube Fellnasen mit Geschwistern schlafen durch, wenn ihre Besitzer nach Hause kommen. Es hängt alles davon ab, wo sie schlafen, um durch die Aktionen der anderen Hunde geweckt zu werden.

Das kann praktisch sein, wenn du Gäste erwartest. Wenn du möchtest, dann kannst du deinen tauben Hund durch ihre Ankunft durchschlafen lassen, sodass dein Gast leicht ins Haus kommen kann, ohne von einem aufgeregten Hund beschnüffelt und abgeleckt zu werden.

## Taube Hunde sind Tiefschläfer

Ich muss Natchez oft wecken, um ihm mitzuteilen, dass es Zeit ist, nach draußen zu gehen, oder dass etwas Wichtiges passiert. Fast alle tauben Hunde schlafen sehr, sehr tief.

Einige taube Fellnasen ziehen es vor, andere Sinne zu blockieren, um einen tieferen, erholsameren Schlaf zu bekommen. Das könnte daran liegen, dass ihre anderen Sinne empfindlicher für subtile Veränderungen werden, sodass sie leichter auf leichte Druck-, Temperatur- und Lichtveränderungen reagieren. Wenn Natchez sich für die Nacht schlafen legt, zieht er es vor, vollständig von einer Decke bedeckt zu sein, um Licht abzuschirmen. Ich stelle mir vor, dass es in gewisser Weise wie eine sensorische Deprivationskammer ist.

Du wirst auch bemerken, dass dein Hund nach dem Aufwachen seine Umgebung abscannt, um zu sehen, was los ist. Wenn du deinen tauben Hund gerade adoptiert hast, dann steht er vielleicht direkt auf und läuft oder rennt durch das ganze Haus, um nach dem Rechten zu sehen.

## Kontrollgänge

Klassischerweise verlassen sich Hunde oft auf ihr Gehör, um zu wissen, was außerhalb ihres Sichtfelds vor sich geht. Taube Hunde haben diese Fähigkeit nicht. Stattdessen müssen sie sich auf ihren Geruchs- und Sehsinn verlassen. Dies führt zu einer häufigen, aber eigenartigen Angewohnheit, durch das Haus zu laufen und Räume zu überprüfen. Sobald ein tauber Hund mit seinem Zuhause vertrauter ist, wird diese Gewohnheit wahrscheinlich nachlassen, aber sie wird wieder bei Umgebungswechseln auftauchen, z. B. wenn du umziehst, mit deiner tauben Fellnase in den Urlaub fährst oder wenn du Besuch hast.

Obwohl es seltsam ist, macht das Hin- und Herlaufen zwischen den Räumen Sinn, wenn du es aus der Perspektive eines tauben Hundes betrachtest. Woher sollen sie wissen, dass dein Gast nicht einfach in einem anderen Raum ist?

Natchez hat die Angewohnheit, den Flur hinunterzulaufen und seinen Kopf in jeden Türrahmen zu stecken, um herauszufinden, wo ich bin.

## Taube Hunde ahmen ihre hörenden Artgenossen nach

Viele taube Hunde nehmen die Handlungen ihrer hörenden Artgenossen wahr und imitieren instinktiv deren Verhalten. Dazu kann gehören, auf ein Eichhörnchen loszugehen, das einer der anderen Hunde sieht, den Postboten anzubellen oder am Zaun zu bellen, wenn ein Fremder vorbeigeht.

Du wirst bemerken, dass dein tauber Hund seine Hundegeschwister und Kumpel beobachtet, um Hinweise darauf zu bekommen, was passiert.

*Eric und Angelyne*

# Entschuldige bitte!

Taube Hunde können unhöflich wirken. Da taube Hunde dazu neigen, anhänglich zu sein, haben sie aufgrund ihres starken Bedürfnisses nach Nähe keinerlei Gefühl für den privaten Raum oder die Privatsphäre ihrer Besitzer. Sei nicht überrascht, wenn dein tauber Freund auf die Rückenlehne des Sofas hinter dir oder der eines Gastes klettert, auf die Armlehne des Sofas steigt, sich auf die Füße deiner Gäste legt oder versucht, auf einen Stuhl zu kommen, der zu klein für einen Menschen plus einen tauben Hund ist.

Du musst Gäste vielleicht daran erinnern, Türen fest zu schließen, wenn dein tauber Hund die Angewohnheit entwickelt, in Räume zu schauen oder Türen aufzudrücken. Es besteht eine sehr hohe Chance, dass deine taube Fellnase einem Gast ins Bad hinein folgen will und dabei versucht, die Tür aufzudrücken.

Taube Hunde können auch als albern oder unhöflich angesehen werden, weil sie laut pupsen und rülpsen. Sie können aber nichts dafür. Ich muss immer noch lachen, wenn Natchez laut einen fahren lässt, während er ins Leere starrt, als wäre nichts passiert.

Viele taube Fellnasen wirken auch neugierig, weil sie gerne aus dem Fenster schauen. Sie spähen um Vorhänge herum oder schieben Jalousien beiseite, um selbsternannte Nachbarschaftswächter zu sein.

# Trance

Kennst du das Gefühl, wenn dir jemand den Rücken kratzt? Es ist ziemlich angenehm, oder? Nun, viele Hunde (und auch taube Hunde) mögen dieses Gefühl auch sehr. Einige mögen es so sehr, dass es sie in einen meditativen Zustand versetzt, der oft als „Trance" oder „Geisterwandern" bezeichnet wird. Als ich Natchez zum ersten Mal beim Trancen fand, machte ich mir Sorgen, er hätte einen Anfall, da es ähnlich aussehen kann. Aber ich lernte schnell, dass dem nicht so war. Ich nannte dieses Verhalten „Eidechsen", weil sein Gang sehr ähnlich aussah wie der eines Chamäleons. Er verfällt weiterhin im Garten, auf Wanderungen und im Haus meiner Schwiegereltern unter ihren Zimmerpflanzen in Trance.

Als Natchez zum ersten Mal damit anfing, habe ich es gegoogelt, und damals gab es keine Informationen über dieses seltsame Verhalten. Glücklicherweise haben inzwischen mehr Hundeeltern von ihren tranceartigen Hunden berichtet und sie aufgezeichnet, und es gibt mehr Informationen über das Trancen, einschließlich einer Studie über Bullterrier von der Bull Terrier Neurological Disorder Resources (BTNDR). Die BTNDR kam zu dem Schluss, dass Trancen keine neurologischen Störungen oder Nebenwirkungen einer

Gehirnanomalie sind. Es ist eine harmlose taktile Empfindung, wodurch der Hund entspannt und sich gut fühlt.

Beim Trancen geht es jedoch nicht nur um die Freude, wenn ihre Besitzer ihnen den Rücken kratzen. Oft reicht schon die leiseste Berührung von Zweigen, Vorhängen, tief hängender Wäsche auf einer Leine, Büschen oder sogar einer Tischdecke. Ein Hund, der in Trance fällt, sieht aus, als würde er in Zeitlupe gehen. Er kann dabei sogar ein wenig hüpfen, schaukeln oder schwanken.

## FUNFACT
### Aggressionsmythos

Es gibt den Mythos, dass taube Hunde aggressiver sind als hörende. Wie viele Besitzer bestätigen können, stimmt das nicht. Der Mythos entstand wahrscheinlich durch „Schreck-Aggression" – taube Hunde erschrecken leichter als hörende, und erschreckte Hunde können aggressiv reagieren. Mit richtiger Erziehung und Pflege sind taube Hunde genauso freundlich und liebevoll wie alle anderen.

Wenn dein Hund dies tut, dann gerate nicht in Panik. Es geht ihm gut. Ich habe Schwierigkeiten, Natchez' Aufmerksamkeit zu bekommen, während er „in der Zone" ist. Deshalb muss ich ihn oft holen und sanft streicheln, um ihm zu helfen, in die Realität zurückzufinden. Es ist in Ordnung, deinen Hund aus der Trance zu holen, indem du sanft seine Schulter streichelst.

## Taube Hunde sind liebevoll und treu ergeben

Wie ich in diesem Buch schon mehrmals betont habe, ist es schwer, einen kuscheligeren, anhänglicheren und treueren Hund zu finden als einen tauben. Sei nicht überrascht, wenn dein tauber Hund dir ins Badezimmer folgt und sich direkt vor die Badewanne oder Dusche legt, während du badest. Sie neigen dazu, gerne im selben Raum wie ihre Besitzer zu sein. Dein Hund wird sich wahrscheinlich ungefragt in dein Bett legen und auf Autofahrten den Beifahrersitz beanspruchen.

Viele taube Hunde mögen auch den körperlichen Kontakt mit ihren Menschen aufrechterhalten. Sie lehnen sich an deine Beine, deine Seite oder versuchen sogar, auf deinen Schoß zu klettern, wenn sie die Chance dazu bekommen.

Wenn du möchtest, dass deine taube Fellnase unabhängiger wird, solltest du an diesen Gewohnheiten arbeiten, sobald du sie nach Hause gebracht hast.

# KAPITEL 12
# Gesundheitsversorgung deines tau-
# ben Hundes

D ie täglichen Bedürfnisse deines tauben Hundes zu erfüllen ist der erste Schritt zu einem glücklichen, gesunden Hund. Dabei solltest du aber auch seine langfristigen Gesundheitsbedürfnisse berücksichtigen. Je proaktiver du bist, desto besser wird die Gesundheit deines Hundes sein. Dieses Kapitel zeigt dir vorbeugende Maßnahmen, die das Leben deines Hundes verlängern und ihn über Jahre hinweg geistig fit halten können. Natürlich können präventive Gesundheitsmaßnahmen nicht nur die Lebensqualität deines Hundes verbessern, sondern auch zukünftige Tierarztkosten reduzieren und das Zusammenleben mit deinem Hund zum bestmöglichen Erlebnis machen.

## Bewegung

Ein aktiver Hund ist ein gesunder Hund. Regelmäßige Bewegung durch Spaziergänge und Spiel hilft deinem tauben Hund nicht nur, die Gesundheit von Muskeln, Gelenken und seinen Knochen zu bewahren. Aktivität verbessert auch die Koordination und fördert die mentale Gesundheit. Die meisten Hunde brauchen täglich zwischen einer und zwei Stunden aktives Spiel und Bewegung. Du solltest den Rasseratgeber deines Hundes konsultieren oder deinen Tierarzt fragen, wenn du dir nicht sicher bist, wie viel Bewegung dein Hund täglich bekommen sollte.

Ausdauertraining kann deinem Hund helfen, in Form zu bleiben und Übergewicht oder Fettleibigkeit vorzubeugen. Die Vermeidung von Fettleibigkeit kann die Lebensdauer deines Hundes verlängern und sein Wohlbefinden steigern. Wenn dein tauber Hund eher zurückhaltend ist, solltest du längere Spaziergänge fördern, um seinen Mangel an Spielfreude auszugleichen. Spaziergänge helfen, Kalorien zu verbrennen, die Herzfrequenz zu erhöhen und bieten deinem Hund geistige Anregung. Alle tauben Hunde sollten täglich spazieren gehen, um Langeweile und Depressionen vorzubeugen. Der Gang in den Garten für die Toilettenpause reicht für die meisten Hunde nicht aus, um ihren Wunsch nach Bewegung zu erfüllen, selbst im Winter nicht.

Denk daran, die Pfotenballen deines tauben Hundes regelmäßig zu überprüfen, um sicherzustellen, dass sie gesund sind. Wenn du Risse,

*Foto Von*
*Morgan Elizabeth*

## Profi-Tipp
### Tipps zur Leinenführung

Bewegung ist ein wichtiger Teil im Leben jedes Hundes, ob taub oder nicht. Eine Faustregel für taube Hunde ist, dass sie in offenen Bereichen wie Parks oder Feldern nicht von der Leine gelassen werden sollten. Ist dein Hund erwachsen und gut trainiert, regelmäßig bei dir einzuchecken, kannst du je nach örtlichen Gesetzen diese Regel überdenken. Viele Besitzer tauber Hunde wählen extra lange oder ausziehbare Leinen für Outdoor-Aktivitäten. Das gibt dem Hund Spielraum, ermöglicht aber sichere Kontrolle und Schutz vor Gefahren.

Schürfwunden oder Schnitte bemerkst, verzichte auf Spaziergänge, bis diese verheilt sind. Vermeide im Winter auch das Gehen auf Streusalz, um die Ballen deines Vierbeiners zu schützen. Wenn du in einer Region mit extremem Klima lebst, kann Pfotenbalsam die Pfoten deines Hundes vor Rissen und leichten Verbrennungen schützen.

Wenn du körperlich nicht in der Lage bist, deinem Hund lange Spaziergänge zu ermöglichen, erwäge, einen Hundesitter einzustellen und deinen Hund auf andere Weise zu beschäftigen. Weitere Bewegungsalternativen können Spielen mit Spielzeug im Haus, Spielverabredungen mit anderen Hunden und Leckerli-Versteckspiele sein. Taube Hunde sind in der Regel verrückt nach Versteckspielen, da sie so futtermotiviert sind und ihr Geruchssinn so ausgeprägt ist. Um dieses einfache Spiel zu spielen, bringe deinen tauben Hund in einen anderen Raum. Dann verstecke Trainings-Leckerlis unter Möbeln, in Decken oder wo auch immer du gute Verstecke findest. Lass dann deinen tauben Hund in den Raum und beobachte, wie er die leckeren Belohnungen erschnüffelt.

Welpen sollten, obwohl sie aktiver sind, nicht an Trainingseinheiten mit hoher Belastung teilnehmen, da ein zu hohes Verletzungsrisiko für ihre sich entwickelnden Gelenke und Knochen besteht. Das bedeutet unter anderem, dass taube Hunde unter sechs bis neun Monaten keine Langstrecken-Laufpartner sein sollten. Wenn du eine Laufroutine mit deinem Hund beginnen möchtest, frage deinen Tierarzt, ob dein Hund dafür bereit und gesund genug ist.

Einige brachyzephale Rassen (Rassen mit kurzer Schnauze) sollten niemals joggen gehen, besonders dann nicht, wenn es heiß ist. Sie können leicht überhitzen und möglicherweise sogar ersticken, weil sie nicht genug Luft bekommen.

Ältere Hunde müssen ebenfalls aktiv bleiben. Regelmäßige Aktivität und die Stärkung der Muskeln bei gleichzeitiger Lockerung und Schmierung der

Gelenke können Ausrutscher, Stürze und Verstauchungen verhindern. Auch kann durch regelmäßige Aktivität Demenz hinausgezögert werden.

# Ernährung

Es ist wichtig, deinen Hund mit einer gesunden, ausgewogenen Ernährung zu versorgen. Manchmal kann es schwierig sein, nur anhand der Verpackungsvorderseite zu erkennen, welches Futter für deinen tauben Hund am besten geeignet wäre. Achte bei der Futterauswahl auf die Zutatenliste: Wähle ein Futter mit echtem Fleisch als erste aufgeführte Zutat und vermeide Futter mit einer langen Liste von Konservierungsstoffen oder Füllstoffen. Sei vorsichtig bei Futtersorten, die Soja, Mais oder Weizen zu weit oben auf der Zutatenliste aufführen. Dies sind Füllstoffe, die deinem Hund vorübergehend ein Sättigungsgefühl vermitteln, aber ernährungsphysiologisch nicht viel bringen. Darüber hinaus verkaufen einige Marken ein „proteinreiches" Futter, das mit Erbsenprotein angereichert ist. Dies kann ein Warnsignal sein, denn möglicherweise wird hier versucht, mehr Geld für ein proteinreicheres Futter zu verlangen, obwohl Erbsenprotein für Hunde nicht annähernd die gleiche biologische Wertigkeit hat wie echtes Fleisch.

Außerdem solltest du Hundefutter vermeiden, das sich zu sehr auf Nebenprodukte stützt. Nebenprodukte sind in der Regel Schlachtreste wie Organe, Knorpel, etwas Knochen usw. Dein tauber Hund hätte diese gefressen, wenn er in freier Wildbahn Beute gejagt hätte, daher sind sie nicht schädlich. Aber du solltest sicherstellen, dass dein Hund auch hochwertiges Fleisch

Foto Von
Lisa Chiado

in Form von Muskelfleisch in seinem Hauptfutter erhält.

Wenn du dir nicht sicher bist, wähle immer ein Futter, das nach FEDIAF-Richtlinien ausgewogen ist. Die FEDIAF (Europäischer Verband der Heimtierfuttermittelindustrie) hat eine Reihe von Standards oder Profilen festgelegt, die beschreiben, was ein Tierfutter benötigt, damit die vorgesehene Verbraucherart gedeihen kann. Das bedeutet: Wenn ein Futter als den FEDIAF-Standards entsprechend gekennzeichnet ist, erfüllt es alle grundlegenden Ernährungsbedürfnisse deines Hundes.

## Profi-Tipp
### Besondere medizinische Bedenken

Taubheit bei Hunden erhöht normalerweise nicht das Risiko für andere Gesundheitsprobleme. Da taube Hunde oft weiß sind, brauchen sie extra Sonnenschutz, weil weiße Hunde anfälliger für Sonnenbrand sind. Bei einem weißen tauben Hund solltest du hundesichere Sonnencreme oder Schutzkleidung wie UV-Anzüge oder Sonnenshirts für Hunde verwenden.

Sei vorsichtig bei Trends und speziellen Hundediäten. Reine Fleischdiäten oder völlig getreidefreie Diäten können Gesundheitsrisiken bergen. Hunde brauchen Gemüse, Obst, Vitamine und Mineralien zum Überleben.

Du kannst auch ein Futter wählen, das auf das spezifische Alter, die Rasse und die Ernährungsbedürfnisse deines Hundes zugeschnitten ist.

Welpen benötigen eine spezielle Ernährung, bis sie etwa sechs bis neun Monate alt sind. Ältere Hunde brauchen oft Futter, das leichter zu kauen und zu verdauen ist. Glücklicherweise passen die meisten Hersteller ihre Rezepturen an und kennzeichnen ihre Futtermittel für die spezifischen Ernährungsbedürfnisse deines Hundes. Du solltest ein Welpenfutter verwenden, das die Größe deines Hundes berücksichtigt, da die Nährstoffe so formuliert sind, dass sie deinem Hund helfen, in angemessenem Tempo zu wachsen.

Wenn du dir hinsichtlich der Ernährungsbedürfnisse deines Hundes nicht sicher bist oder vermutest, dass dein Hund eine Futtermittelallergie hat, dann wende dich an deinen Tierarzt.

# Mentales Wohlbefinden

Wenn es um die allgemeine Gesundheit deines Hundes geht, spielt das mentale Wohlbefinden eine wichtige Rolle für sein tägliches und langfristiges Befinden. Du solltest deinen tauben Hund geistig und körperlich aktiv halten. Das alte Sprichwort, dass ein beschäftigter Hund ein guter Hund ist, trifft zu. Wenn Hunde sich langweilen, neigen sie dazu, mehr Unfug anzustellen. Und auf lange Sicht kann ein Hund, der sich Tag für Tag langweilt, ängstlicher und depressiver werden. Studien zeigen auch, dass Hunde, die geistig angeregt werden, mental fitter bleiben und eine verlangsamte Entwicklung von Demenz zeigen.

Eine der besten Möglichkeiten, deinen Hund geistig zu stimulieren, ist tägliches Training. Das kann bedeuten, an Verhaltensweisen zu arbeiten, die dein Hund bereits kennt, oder darauf aufbauend Tricks oder Trickkombinationen zu lernen.

Spaziergänge setzen deinen Hund neuen Umgebungen, Gerüchen und mehr aus. Dies beschäftigt ihren Geist und ihre Fantasie. Regelmäßiges Training und Spiele können deinem Hund ebenfalls helfen, einen gesunden Ablass für seine geistige Energie zu finden. Selbst wenn du deinem Hund erlaubst, aus dem Fenster zu schauen, kann dies zusätzliche geistige Anregung für einen gelangweilten tauben Hund bieten. Am wichtigsten ist es, regelmäßig neue Spielzeuge, Spiele und Erfahrungen in das Leben deines tauben Hundes einzuführen.

Natchez liebt Spaziergänge mehr als alles andere auf der Welt. Er strahlt, wenn er die Leine sieht. Natchez liebt auch Leckerli-Rätsel und das Üben seiner Handzeichen.

Hunde können auch an Depressionen und Ängsten leiden, die nicht von selbst verschwinden. Wenn dies bei deinem Hund der Fall ist, solltest du einen Termin mit deinem Tierarzt vereinbaren. Es gibt eine breite Palette an Medikamenten, die die emotionale und geistige Gesundheit deines Hundes unterstützen können.

# Medizin und Tierarztbesuche

Finde einen guten Tierarzt. Ich habe gelernt, dass der richtige Tierarzt einen enormen Unterschied bei der Betreuung eines tauben Hundes machen kann. Obwohl taube Hunde nicht unbedingt zusätzliche tierärztliche Betreuung benötigen, kann ein guter Tierarzt dich während des gesamten Lebens deines Hundes unterstützen. Frage immer nach seiner Erfahrung mit tauben Hunden und hinterfrage gelegentlich, wie gut du mit deinem Tierarzt zurechtkommst. Wenn du zum Termin deines Hundes gehst, dann achte darauf, wie sauber, organisiert und gut besetzt die Praxis ist. Wenn du dich bei einem Tierarzt nicht wohlfühlst, dann kannst du bedenkenlos die Praxis wechseln.

Vergiss nicht, Freunde und Familie nach Tierarztempfehlungen zu fragen.

Anzeichen für eine gute Tierarztpraxis sind:

- eine saubere Einrichtung
- genügend Personal, um mit den Klienten Schritt zu halten (der Empfangsbereich sollte nicht wie eine Sardinenbüchse aussehen, die bis zum Rand mit Haustieren und ihren Besitzern gefüllt ist)
- klare Kommunikation
- kein Gefühl der Eile während der Untersuchung deines Hundes
- die Möglichkeit, Fragen zu stellen
- gründliche Erläuterung deiner Optionen

Stelle während der Tierarztbesuche immer alle Fragen, die du zur Gesundheit und zum Verhalten deines Hundes haben könntest. Die meisten Tierärzte sind eine Fundgrube an Wissen, wenn es darum geht, die Handlungen deines Hundes zu verstehen. Es ist sogar in Ordnung, einfach zu fragen: „Ist dieses oder jenes normal?"

Die meisten Hunde benötigen jährliche Untersuchungen. Welpen und ältere Hunde brauchen möglicherweise mehr Besuche. Sobald ein Hund über acht oder neun Jahre alt ist, solltest du die regelmäßigen Kontrollen auf zweimal jährlich erhöhen.

Dein Tierarzt wird dich darüber informieren, welche Impfungen und vorbeugenden Medikamente für deinen Hund am besten geeignet sind. Einige Aktivisten für taube Hunde argumentieren, dass viele Medikamente und Behandlungen für taube Hunde nicht sicher sind, da sie nicht an tauben Hunden getestet werden. Das gesagt, würde ich niemals bei meinen Hunden auf die Herzwurm-, Zecken- und Flohprophylaxe verzichten!

# KAPITEL 13
# Dein Hund und die Regenbogenbrücke

W enn dein tauber Hund älter wird, dann wird eine Zeit kommen, in der du dich fragst, ob seine Lebensqualität so weit gesunken ist, dass Einschläfern eine Option sein könnte. Manchmal sind Besitzer unsicher, woran sie erkennen können, ob ihr Hund das Leben noch genießt oder ob eine teure medizinische Behandlung die richtige Wahl ist. Dieses Kapitel soll dir etwas Klarheit darüber verschaffen, wann es Zeit ist, deinen besten Freund gehen zu lassen.

## Die Lebensqualität deines tauben Vierbeiners

Eine der größten Tragödien ist, dass unsere Hunde nicht mit uns sprechen können. Sie können uns nicht sagen, dass sie Schmerzen haben oder sich einfach elend fühlen. Dadurch kann es schwierig sein, zu erkennen, ob dein Hund leidet.

Es gibt keine perfekte Antwort darauf, wann es Zeit ist, darüber nachzudenken, deinen Hund über die Regenbogenbrücke gehen zu lassen, aber es gibt einige Faktoren, die du betrachten kannst, um zu entscheiden, wie sehr dein Hund sein Leben noch genießt.

**FUNFACT**
**Lebenserwartung tauber Hunde**

Die Lebenserwartung tauber Hunde unterscheidet sich normalerweise nicht von hörenden. Sie kann anhand von Rasse und Gesundheitsgeschichte geschätzt werden. Kleinere Rassen leben tendenziell länger als größere – auch bei tauben Hunden. Manche glauben, taube Hunde werden eher von Autos erfasst, weil sie diese nicht hören, aber das ist ein Mythos. Stark befahrene Straßen sind für alle freilaufenden Hunde gefährlich. Der älteste Hund laut Guinness World Records war Australian Cattle Dog Bluey mit 29 Jahren.

- Wenn dein Hund sich nicht mehr frei oder selbstständig bewegen kann, ist das ein Zeichen dafür, dass er nicht mehr vollständig am Leben und an Aktivitäten teilnehmen kann, die die meisten Hunde genießen. Hunde, die noch etwa die Hälfte der Zeit oder Strecke spazieren gehen, spielen und schwimmen können wie früher, sind noch mobil und selbstständig genug, um das Leben zu genießen.

- Hunde mit chronischen oder akuten Schmerzen, die nicht durch Medikamente kontrolliert werden können, leiden möglicherweise. Wenn dein Hund sich weigert, sich zu bewegen, oder vor Schmerzen winselt oder jault, ist es vielleicht an der Zeit, mit dem Tierarzt zu sprechen.

- Achte darauf, wie gut dein Hund atmet und frisst. Atembeschwerden oder die Weigerung, zu fressen oder zu trinken, sind schlechte Anzeichen, die sofortige tierärztliche Aufmerksamkeit erfordern. Wenn der Zustand deines Hundes nicht behandelt werden kann, solltest du in Betracht ziehen, ihn friedlich gehen zu lassen.

- Ein Anzeichen für verminderte Lebensqualität, das viele Hundeeltern kennen, ist die Unfähigkeit des Hundes, seine Ausscheidungen zu kontrollieren. Unkontrolliertes Urinieren oder Koten über einen längeren Zeitraum ist ein deutliches Zeichen dafür, dass die Gesundheit eines Hundes bergab geht.

Dein Hund könnte auch an einer tödlichen Krankheit erkranken, an einer fortschreitenden oder schwer zu behandelnden Erkrankung leiden oder in einen traumatischen und schweren Unfall verwickelt sein. Wenn dies geschieht, besprich unbedingt die Prognose deines Tieres, zukünftige

tierärztliche Bedürfnisse, das Ausmaß der Genesung und die Kosten mit deinem Tierarzt. Führe ein Gespräch mit deinen Familienmitgliedern über dein Budget und die notwendige Pflege für deinen Hund. Wenn du glaubst, dass es in deinen Mitteln und Fähigkeiten liegt und dein Hund ein voraussichtlich glückliches, gesundes Leben führen wird, dann mach es. Wenn du unsicher bist, versuche, deinen Tierarzt erneut mit zusätzlichen Fragen zu konsultieren, die Licht ins Dunkel bringen könnten.

Wenn du dir die medizinische Behandlung deines Haustiers nicht leisten kannst, der Tierarzt aber sagt, dass dein Hund eine hohe Chance auf Genesung und potenzielle Lebensqualität hat, kannst du einen Ratenzahlungsplan in Betracht ziehen. Oder wenn du dir die Pflege nicht leisten kannst, aber die Lebensqualität deines Hundes nach der Behandlung gut wäre, kannst du lokale Tierheime kontaktieren und fragen, ob sie deinen Hund aufnehmen, die tierärztliche Versorgung übernehmen und ihn dann zur Adoption freigeben würden. Eine weitere Möglichkeit, deinem Haustier eine medizinische Behandlung zu ermöglichen, die du dir nicht leisten kannst, ist, deinen lokalen Tierschutzverein, das Veterinäramt oder eine gemeinnützige Tierarztorganisation zu kontaktieren, um zu sehen, ob sie die tierärztliche Behandlung zu reduzierten Kosten anbieten können.

# Der Abschied

Wisse, dass die Entscheidung, deinen Hund gehen zu lassen, nie leicht ist. Der Prozess des Loslassens und des Feierns des Lebens deines Hundes kann dabei helfen.

Wenn du entscheidest, dass Einschläfern die humanste Option für deinen Hund ist, überlege, wie du die letzten Tage deines Hundes verbringen möchtest. Erwäge, ein Andenken zu schaffen oder überlege dir ein kleines Projekt, um die besten Erinnerungen zu bewahren, die du mit deinem pelzigen besten Freund geteilt hast. Du kannst einen Pfotenabdruck und Fotos mit deinem Hund machen oder gemeinsam einen Gedenkbaum oder -strauch pflanzen. Du kannst auch die Lieblingsplätze deines Hundes besuchen und ihn einige besondere Leckerbissen und Aktivitäten genießen lassen.

Auch Kinder brauchen Zeit, um sich von deinem Hund zu verabschieden. Es kann schwierig sein, Kindern zu erklären, dass es Zeit für deinen Hund ist, zu gehen. Es gibt viele ausgezeichnete Buchoptionen, die entwickelt wurden, um Kinder jeden Alters zu unterrichten und zu trösten.

Eine Sache, die du auch entscheiden musst, ist, ob du während des Abschieds deines Hundes im Behandlungsraum anwesend sein möchtest. Obwohl dies traumatisch erscheinen mag, ermöglicht es vielen Besitzern einen schönen Abschluss, weil sie in der Lage sind, ihren Hund zu verwöhnen, zu streicheln und zu trösten. Anwesend zu sein tröstet auch viele Hundeeltern, weil sie wissen, dass ihr Hund während des Prozesses keine Schmerzen hatte und bei seinen letzten Atemzügen nicht allein war. Wie du dich auch entscheidest: Wisse, dass die Einschläferung ein schmerzloser Prozess ist und du nicht miterleben wirst, dass dein Hund leidet.

# Nachdem dein Hund gegangen ist

Bereite dich auf den Trauerprozess nach dem Tod deines Hundes vor. Du wirst trauern. Der Trauerprozess ist für jeden anders. Erwarte, dass du dich traurig, wütend und verwirrt fühlst. Wisse, dass es in Ordnung ist, über deinen Hund zu sprechen und weiterhin Geschichten über die glücklichen Erinnerungen zu teilen, die du mit ihm hattest. Eine intime Gedenkfeier mit Freunden und Familie kann dir helfen, den Verlust zu verarbeiten.

Zögere nicht, einen Therapeuten zu kontaktieren, solltest du depressiv werden oder von Emotionen überwältigt sein. Ein paar Tage frei von der Arbeit zu nehmen, kann dir auch helfen, über das Leben deines Hundes und seine Rolle in deinem Leben nachzudenken.

Widerstehe dem Drang, einen anderen Hund zu adoptieren, während du noch trauerst. Das kann für dich und die adoptierte Fellnase katastrophal sein. Kein Hund wird jemals deinen ersetzen, und du brauchst die Zeit zum Heilen.

Hunde erfüllen unser Leben mit Freude und Licht, und wenn sie weg sind, wird ihre Abwesenheit uns schmerzhaft bewusst.

## Leben als Besitzer eines tauben Hundes

Ich hoffe, du genießt das Leben mit deinem tauben Hund. Es besteht kein Zweifel, dass taube Hunde großartige Haustiere für viele Menschen und Familien sind. Sie sind liebevoll und eigenwillig und werden deine Tage mit Lachen erhellen. Als stolzer Besitzer eines tauben Hundes kann ich sagen, dass Natchez in meinem Leben zu haben, eine der lohnendsten Erfahrungen war, die ich je gemacht habe.

www.ingramcontent.com/pod-product-compliance
Lightning Source LLC
Chambersburg PA
CBHW071755120626
46550CB00002B/804